综合实践活动

北京教育科学研究院
学术著作出版资助项目

历史发展与当代模样

刘 玲 著

教育科学出版社
·北京·

——谨以此书献给为综合实践活动课程默默耕耘的人们

序 言

行是知之始

刘云杉[1]

"通"既是教育的最高标准,也是最低要求。

教书育人,读书明理,书中的道理与做人的日常能融通;有了经验,也才能领悟经典,这是经验与经典的融通。一个人通晓明白、通情达理,即知道做事的分寸、处世的原则、做人的准则,这些尺度与分寸都是从"做中学"、在"事上磨"得来的。在摸爬滚打的经验中去触摸事物的简与繁、人性的明与暗、世事的变与常,这个人才可能通达、通透,既世事洞明,有智慧,又人情练达,有方法。

然而,今天的教育中最匮乏的就是经验,我们常见的是有"教"而无"育",有"学"而无"习",在越来越紧的时间、越来越细的分科、越来越密的评价中,经验却成了稀缺物。我们用一条高于生活,且与社会割裂的"悬浮的管道",高效且完美地再现了《格列佛游记》中的勒皮他飞岛,飞岛的科学理性崇拜者用几何术语来赞美女人的美貌,把面包严格切成几何图形,认为只有这样才符合他们头脑中"美的理念"。"学校管道"出产的拥有"综合素养"的"人力资本们"头脑中内嵌着高精的GPS信号系统,居高临下地拥有了"上帝"的视角,习惯了远观与俯视,对近处与身边却无感。他们活在一个抽象且空洞的远方,从身边具体、切实的生活中出局,在虚与实、真与假中失重、轻狂、跌落。

---

[1] 刘云杉,北京大学教育学院副院长、教授、博士生导师。

如何把他们拉回地上，用眼睛真切地观察，用手去触摸，用脚去丈量？悬浮的、高效的"管道"如何才能植根于大地？四周不是封闭的绝缘体，而是布满缝隙，风声、雨声、读书声才能声声入耳；内部也不是紧致的细格，不再催促学习者不断打卡通关，家事、国事、天下事才能事事与己相关。"管道"如何变成开放的、多元的生态呢？

"综合实践活动"便是破局之举。唯其破局，便格外不易。

它是在既有的体系中简单地做个加法，给漏洞打个补丁，在本就细密拥挤的格子中再硬挤出一个格子，以谋求自己的合法性吗？拥挤的格子中是难以伸展拳脚、施展身手的，只能"加点儿景"；好比在封闭的管道中开一扇天窗，隔着冷热看风景。它不仅要做减法，还要做乘法。减法的拆减需要顶层思维的清晰与决心，乘法的魔力来自一线实践者的耐心与智慧。

"综合"是动手术，腾挪空间。它既是提升，又是拆建，将旧结构中细碎的分割线、僵硬的壁垒拆除，腾挪出更大的空间，才能活动开身手。向下，综合要回归经验之中，从经验之中再造课程之间的内在联系，利用若有若无的符号、时隐时显的线索，依靠经验与思维的内在运动去勾连松弛的空间，形散而神不散。"跨学科"与"大单元"的核心都是拆建，将碎片化、冗余、呆滞的知识点（inert ideas）拆除，呆滞的知识点如同脑梗，阻塞着思维的运动。向上，综合旨在形成知识之间的联系，要学习关联思维，建构既简洁又有活力的认识结构，如同在进入密林探险前，头脑中要有地图，具备辨别方位的能力。

"实践"是换视角，优化练习。有了简略的地图与基本的能力，学生将在密林中亲自探险。在"实地探险"中，他们需要看、触、尝、闻，充分调动自己的感官，让自己的身体和周遭的世界建立具体的、亲切的联系。实践要对日常学业中的练习进行转换，将儿童放在一个整体的、需要负责的任务情境中。儿童也好，普通人也好，他们的学习都是从整体开始的，由易入难；学业中的练习误以为从部分开始更容易，譬如历史成为日期，阅读成为发音练习，写作成为拼写与语法。学生如果不能从整体来看待事物，学习将变得不合理性；学生如果不了解更大的图景，不能领会学习的意义，只会感到沮丧与无聊。实践是高阶的、优化的练习，它让学生窥探事物的整体与全貌，形成经验的直觉，直觉思维又给予他们判断力，以及心智的力量。

"活动"是推主体，五育并举。用裴斯泰洛齐（J. H. Pestalozzi）的"3H"来简述，脑（head）、心（heart）、手（hand）之中，脑关乎认知，能直观世界图景而非被碎片信息吞没；心关乎情感与信仰，沉浸在关系之中，才有熟悉、安全、爱与敬；手关乎练习，在具体的操作中，熟悉事物的纹理、用力的深浅，才有上手的分寸感。这些都需要过程，需要试误，需要在精心设计的活动与项目化学习中展开。

"综合"、"实践"与"活动"是课程设计的理念，是教学中的认识，也是精心且有节制的活动。作为一种方法，从高处讲，它是一种转化酶，加一点，起了催化作用，全局就活了；从低处讲，它是饭菜中的油、盐，有油、盐，才有滋有味、有色有香，但是油多坏菜、盐多败味。在学校内外的课程实践中，如何有为且不越位？活动不能替代课程，实践不能替代知识，经验不能替代学科，这其中的分寸同样考验着实践者做事的谨慎与头脑的清明。本书对此问题做出了细致且审慎的回应。作者站在综合实践活动课程历史发展的视角对课程发展脉络进行探求，同时又以细腻敏锐的笔触深描了两所学校和一大批教师如何在困顿中进行探索。

2014年，在北京市当了近十年综合实践活动教研员的刘玲来到北大，带着对她热爱的综合实践活动课如何发展的关切，寻求理论对经验的镜鉴。本书正是脱胎于刘玲的博士论文。博士论文成稿的2020年上半年，刘玲到处找能写作的地方，她的要求很低，只要安静、有暖气、能熬夜就行。其时，疫情四起，也正是在这段辛苦的时光里，我看到了她的蜕变，她的思维变得灵动，变得活跃且丰盛，她将书中的理论与日常的工作打通，化解专业博士的工学矛盾，不再有常见的精神内耗，我看到了她的平实与昂扬。这一融通的意义不止于她这篇论文或这本书，也不止于她日后的工作与人生；她所获得的昂扬精神力将注入她的日常工作中，也融入北京市中小学综合实践活动课教研中。我在她破茧而出的精神力背后，更看到了她，以及她所代表的北京教育科研工作者的努力与坚持：用行动化解紧张，用行动开出新局。

2024年4月

目 录

导 言 / 1

第一章
综合实践活动的演变

第一节　学科课程的发展与现状 / 5
一、概况与功能 / 6
二、特征与弊病 / 7

第二节　活动课程的缘起与发展 / 10
一、思想渊源 / 11
二、形成体系 / 12
三、当代演变 / 13

第三节　我国综合实践活动课程的演变 / 17
一、陶行知对杜威学说的传承与发展 / 17
二、生产劳动教育的政治意蕴 / 18
三、活动课程纳入课程计划 / 20
四、综合实践活动获得明确定位 / 21

第二章
综合实践活动的理论基础

第一节　杜威实用主义教育哲学 / 25
一、从"活动"到"经验" / 25
二、思维何以发生 / 31

第二节　中国哲学的知行观 / 34
　　一、古代哲学知行观及启示 / 34
　　二、陶行知的行知观及生活教育实验 / 38
　　三、毛泽东的《实践论》及生产劳动教育方针 / 41
第三节　杜威教育哲学与我国哲学 / 44
　　一、教师作用 / 44
　　二、内容选择 / 45
　　三、教学过程 / 47

第三章
综合实践活动的功能定位

第一节　作为一门课程 / 51
　　一、"小学科"的现实处境 / 51
　　二、窄化为"学科"的局限 / 52
第二节　作为一种学习方式 / 55
　　一、"搞活动"难施行 / 55
　　二、作为学习方式的可能性 / 56
第三节　双重教育意蕴 / 58
　　一、作为课程，与学科课程各有侧重 / 59
　　二、基于研究性学习，实现双向互融 / 60

第四章
综合实践活动的教师角色

第一节　教师的苦衷 / 65
　　一、专任教师：多班授课任务重、地位弱 / 65
　　二、兼职教师："不会弄""没时间""不愿意" / 69
第二节　为何这么难 / 73
　　一、教师：角色转变的四重困境 / 73

二、学校：教学支持系统的牵绊 / 76

　第三节　出路在哪里 / 83

　　一、情感：热爱与付出 / 83

　　二、理念：理解与认同 / 85

　　三、行动：言传与身教 / 87

　　四、知识：融会与贯通 / 94

第五章
综合实践活动的主题选择

　第一节　"自主"的限度 / 99

　　一、学生：自主选题碰壁 / 99

　　二、教师：教材需求旺盛 / 101

　　三、学校："放手"还是"统筹" / 103

　第二节　主题能从哪里来 / 111

　　一、基于学科教学的相关内容 / 111

　　二、基于生活情境的真实问题 / 114

　　三、基于社区的特有资源 / 121

　第三节　主题如何被提出 / 125

　　一、《纲要》推荐的主题：如何"转化" / 125

　　二、选自教材的主题：如何"活化" / 129

　　三、学校确定的主题：如何"细化" / 132

　　四、学生提出的问题：如何"深化" / 135

第六章
综合实践活动的教学过程

　第一节　认识上的困惑　/ 143

　　一、"知识"如何进场 / 143

　　二、"活动"是否越多越好 / 145

三、"评价"评什么 / 146
　第二节　教学的机制 / 150
　　一、案例分析 / 151
　　二、教学机制 / 157
　第三节　教学的步骤 / 160
　　一、提取核心概念 / 160
　　二、确定核心问题 / 162
　　三、设计实践活动 / 164
　　四、组织教学评价 / 168

参考文献 / 172

后记 / 177

导 言

　　知与行的关系问题一直是我国古代认识论中的根本问题。"知"与"行"、"学"与"习"的贯通交融、互动转化推动了人类认识的不断发展。以"行"促"知"、以"习"化"学"是我国传统哲学知行观的主导思想。

　　中华人民共和国成立后，我国借鉴苏联形成以单一学科课程为特征的课程结构。经过多年发展，各学科门类越来越多，但学科课程过于注重知识讲授，课堂教学机械呆板，难以体现学生能力培养和个性发展。课程内容难、繁、偏、旧，课程结构单一（钟启泉 等，2001）[4]，这已成为基础教育的沉疴痼疾，实践育人成为创新人才培养的短板。

　　21世纪初启动的第八次课程改革中，综合实践活动被作为一门必修课程，与学科课程并列设置。综合实践活动课程鼓励学生运用跨学科知识解决现实问题，旨在弥补传统学科课程分科过细且疏离学生生活的缺陷，实现两类课程的互补与融合，完善课程结构。这门注重学生"身体力行"的课程，既与19世纪末欧美国家的活动课程有渊源，又在我国本土的历史传统和社会文化环境中历经几十年淬炼。有学者用"一心开二门"概括我国基础教育课程结构，认为综合实践活动是课程体系中相对于学科课程的"另一半"。（张华，2019）[6,23]也有学者指出，综合实践活动课程的实施将彻底改变课堂教学的面貌和学习方式。（钟启泉，2008）[147]

　　然而自2001年这门课程正式开设以来，其实施过程困难重重。理论上的重要性与现实中的发展困境成为一种悖论。不少学校对综合实践活动课程存在认识偏差，对综合实践活动课程的功能与定位，对综合实践活动课程与学科课程、劳动教育、项目化学习等关系的理解不一。从现实情况看，虽然综合实践活动课程的课程功能得到认可，课程建设也获得初步发展，但教学现状参差不齐，内容选择和教学过程困难重重。它并未进入学校课程的核心地带，甚至被边缘化，对学科课程教学未达到预期的改善效果，它散发的微弱光芒随时可能被掩蔽。而狭隘的学科本位论者看待作为新生事物且不尽完善的综合实践活动课程犹如隔岸观火，甚至不屑一顾。本应融会贯通、相辅相成的综合实践活动课程与学科课程之间常常貌合神离，甚至渐行渐远。

综合实践活动课程在课程结构中应发挥什么功能？与学科课程的具体关系如何？背后的理论解释是什么？实际的处境如何？实施过程面临哪些困难？从这些困难可透视出基础教育课程改革的哪些深层次问题？可能的解决途径与发展方向何在？作为一门开课逾20年的跨学科实践性课程，它对今天讨论日益热烈的"项目化学习""跨学科主题学习"有何借鉴与启示意义？这是本书试图回答的问题。

全书共分为六章。第一章从课程史视角回溯了活动课程与我国综合实践活动课程的缘起与演进脉络，盘点了自1949年以来课程发展关键节点的政策，审视课程发挥的实际功能与特征表现。通过爬梳其发展轨迹，找寻出微弱涌动的实践性课程能持续绵延的理论线索。第二章以杜威（J. Dewey）实用主义教育哲学和我国哲学知行观为理论框架，开掘杜威"经验"与"思维"概念、陶行知"生活教育实验"及毛泽东辩证唯物主义认识论（《实践论》）对当前综合实践活动课程的镜鉴。

自第三章开始，本书围绕"综合实践活动的实施"，从综合实践活动的功能定位、教师角色、主题选择、教学过程等几个维度转入实践部分的讨论。研究者以实证研究的方式，对北京市958名综合实践活动教师进行问卷调查；以两所学校为案例，进行课堂观察、录像课分析、案例文本分析；对教师、学生、学校管理者、教研员等50余人进行深度访谈，获得了大量一手材料，积累了写作素材。本书深描综合实践活动课程的困难与表现，深究"好"的学校与教师如何在政策与现实的张力间求得发展，结合问卷调查与案例研究的数据步步铺陈，从现状与困难入手，深入解析综合实践活动的实际功能，讨论它的实践样态。

第一章

综合实践活动的演变

教育发展既受社会历史条件的制约，又有自我演变的内在张力。研究我国综合实践活动当下的现实困难，若不能将历史的镜头拉长，将它还原于历史坐标系中来追根溯源，难免会陷入片面之境地。

在法国自然主义教育思想家卢梭（J. J. Rousseau）的"自然教育"思想孕育下，19世纪后期和20世纪初期，美国教育家杜威系统阐述的"经验中心、活动中心、儿童中心"的活动课程教学论，成为欧美建立现代教育的重要思想基础，产生了广泛的实践影响，并被融入现代课程。

我国的综合实践活动既与欧美国家的活动课程存在历史渊源，又在我国自有的课程传统中历经淬炼。20世纪20年代，陶行知曾引入杜威学说并开启"生活教育实验"。中华人民共和国成立后，我国学习苏联，在课堂内以学科课程的学习为主，课外活动中渗透生产劳动学习等内容。20世纪90年代"活动课"被正式纳入课程体系，21世纪初"综合实践活动"名称确立，其在课程结构中的功能与定位逐渐清晰。

第一节

学科课程的发展与现状

自教育成为独立活动及学校产生以来，课程便以知识为内容。近代自然科学的发展和工业革命推动了学科课程的系统发展，并使其日臻完善。在相当长的时期里，"教学即传递"是人们对教学活动的定位，人类认识成果是传递物，教师是传递者，学生是接受者。（郭华，2016a）[25-26]这种定位的弊病是学生易于成为知识的接受者，陷入"身心二元分离"的局面。长期以来，课程一直是按照学科形式组织的。对反映过去一系列问题应答的"知识"进行总体分类及组织时体现出高度的逻辑性，这被称为学科的逻辑。（布鲁巴克，2012）[306-307]

美国心理学家布鲁纳（E. S. Bruner）强调课程知识结构，教育家施瓦布（J. J. Schwab）提出应重视学科结构（structure of a discipline）。布鲁纳说，不论我们选教什么学科，应务必使学生理解学科的基本结构。（余文森，1992）[14]对于学科的基本结构，他的解释是每门学科中那些广泛起作用的概念原理和法则的体系，例如数学中的交换律、分配率、结合律。（布鲁纳，1982）施瓦布认为，我们不能不对学科结构感兴趣，因为学科结构提出了教育必须解决的问题，每种结构都要适合于或最有益于某门学科或某几门学科。学科结构是部分地由规定的概念体系所构成的，这些概念确定了这门学科中需要研究的内容，并且制约着对该学科的探索。（施瓦布，1988）[207, 210]

视"知识"为课程本质的课程论者常将学科课程理解为如上所述的以学科知识逻辑或结构为基础的课程。本研究基于课程的本质是"经验"的主张，将学科课程定义为：学习者围绕学科基本概念、原理及联系等知识体系进行学习和内化的过程。

尽管学科课程是事先确定的，具有内在的逻辑（结构），但并不排斥儿童的经验，事实上它必须与儿童的经验相结合。布鲁纳和施瓦布同样强调学习者的主动参与和建构。如布鲁纳提出学生应该用"发现学习法"像"小科学家探索未知"那样来掌握基本结构（余文森，1992）[15]。施瓦布也直接指出，我们不能安然地去教一门学科的结论，好像这些结论就是学科的全貌。（施瓦布，1988）[210-211]

一、概况与功能

（一）概况

长期以来，课程一直是按照学科形式组织的。伴随着学校的出现，产生于人们日常活动的传统课程形成并不断发展。如我国春秋时期出现的"诗、书、礼、易、乐、春、秋"、后来的"四书五经"和"三百千千"，古希腊的"七艺"（文法、修辞、逻辑、算术、几何、天文、音乐）百科全书式课程、斯巴达的军事训练，以及文艺复兴时期的古典人文主义课程（humannities）。17—18世纪是现代资本主义制度确立和发展时期，科学技术获得大发展，自然科学受到应有的重视。

18世纪时形式教育与实质教育有过一场著名的论争，强调课程以传授知识特别是科学知识为主的实质教育获得了最后的胜利。作为结果，主要以自然科学为基础和内容的课程大规模发展。建立在近代自然科学基础之上、相对独立设置的各门课程是课程近代化的标志之一。夸美纽斯（J. A. Comenius）提出"百科全书式"的课程，主张"把一切知识教给一切人"。赫尔巴特（J. F. Herbart）从培养兴趣出发，论证学科课程的合理性。斯宾塞（H. Spencer）以科学知识作为课程内容，对"什么知识最有价值"做出自问自答。凯洛夫提出特殊认识学说，从哲学认识论的高度解释间接经验学习。学科课程逐渐系统化、理论化并日臻完善，达到了科学水平。至今在世界范围内，以间接经验为主的课程，在各个国家、各个教育阶段仍然占据着主流地位。（丛立新，2000）[127]

（二）功能

以间接经验为主的课程，对教育以及整个人类社会具有深刻意义，代表着教育乃至人类社会的进步。学校课程对于自然科学、人文历史、政治经济、科学技术等的保存、传递有着重要的作用。通过学校班级授课的方式把自然和社会科学知识大面积、高效率地传播开来，人类文明最有价值的各种成果得以传承，人类历史得以连续演进而不中断。学科课程从出现时，便是课程乃至教育活动进步的重要标志，而且在最长的时间和最广的范围内承担着支持、推动教育的使命，是教育为社会服务的主要途径。

从学习者个体的角度来说，人的知识和思想可以突破个人生活经验的狭隘范畴：时间上，超越个体生命的周期；空间上，超越个体生活的地理限制。学习者能用比较短的时间，沿着前人行之有效的方法思考，免掉了许多不必要的失败尝试，学会了若干年人类智慧的结晶，这便是学习的经济。（北京师范大学校史研究室，1994）[868]

二、特征与弊病

学科课程之所以在学校教育中始终受人青睐，既源于学校特定的任务与要求，也源于人们长久以来形成的知识观，同时还源于它的便利与简单。学校课程被视为知识本位的课程，"教学即传递""课程即知识"成为非常普遍的实践。这样的教学实践，一方面形成了教学过程最重要的特征，即传递与学习人类知识（被证明是正确的、有价值的知识与经验），另一方面容易将教学简单地等同于传递，将教师等同于知识的传递者，教师成了"知识百宝箱"。大多数教师只自在地呈现知识，进行直接"灌输"与"平移"（郭华，2016a）[26]，而没能自觉地帮助学生学习。学生只能作为知识的"接受者"，甚至如杜威所说，成为知识的"旁观者"，而"食而不化的'知识'贻害世界"（杜威，1990）[153]。

（一）知识本位

学科课程是分科编制的，每门学科都有严密的逻辑结构和逻辑顺序，强调系统性地传授基本原理和基本概念，往往只能传递事先编好的具有现成结论和答案的各科教材，很难吐故纳新或是提供学科以外的综合信息，要求学生主要采用接受式的学习方式，常出现用学科体系代替教学体系、用学科知识的逻辑结构代替学生的认识过程的现象。（潘仲茗，1993）[2]

学者郭华将教学机制描述为学生个体认识从"人类认识的最高点"开始，在此基础上"转回去"，即个体不断发现、体验、内化知识，实现"再认识"。（郭华，2016b）学科课程中的"知识"经过学科专家、课程专家反复论证和精挑细选，以确保能代表"人类认识的最高点"，常以"已完成的知识"形态出现。然而，预先安排的、逻辑严密的知识如何"化"成学生自己的经验或能力常无暇被顾及。如施瓦布在《学科结构的概念》篇首曾举例谈道："1941年，我和同事们第一次开设了体现学科结构的课程。我们花了整整一年时间去编这种课的学习计划和内容。但

对如何教这门课的问题,我们却没有花一点时间去考虑。"(施瓦布,1988)[206]

冷藏的、静态的知识被源源不断地推送到学生面前。学生习惯于一知半解和生吞活剥的教材,把这种教材装到脑子里去,削弱了他们思想的活力和效率。(杜威,1990)[172]学生作为知识的吸收者在浩瀚的知识面前失去探索精神、学习兴趣,也难以发展能力。知识被"分化"到人脑中,被填鸭式地"塞进去",学生再鹦鹉学舌地"吐出来"。对学生来讲,认识对象是前人的、已知的,因而是间接的,学生的认识方式要通过书本、通过教师讲授,因而也是间接的,这种"双重间接性",非常容易使学习从概念到概念、从书本到书本,认识成了无源之水、无本之木。

随着信息时代的到来、人工智能的发展,知识更迭迅速。要把无限的、高速发展的人类知识全部纳入学科课程是不可能的。学科课程分科过繁、过细,且与学生当下所处的现实情境和未来要融入的社会出现断裂。只学这样的内容,学生难以应对时代的挑战。

(二)学生如"旁观者"

"学而时习之"是《论语》开篇之句,其中"习"即"践履"的意思。真正的学习不是单纯地动脑思考,或是纯粹意识状态的流转,而是应"时习之"。"时"意味着适当,在合适的时间以某种节奏运作,朱熹将"习"解为"鸟数飞",表示不断地切实演练之意。因此,不间断的"学",与既有连续又有中断的"时习"相结合,实质是通过"习"来消化"学",从而使生命得以吐故纳新,在以故资新的同时新其故者。(陈赟,2012)两者之间相互交融、密不可分,且互为增长的条件。

在批评者的眼中,学科课程常常将这两类内容割裂开来,陷入身心二元对立的局面。如杜威认为,学校里的学生往往过分地被看作求取知识的"旁观者",他们通过直接的智慧吸收知识、占有知识。所谓心智或意识和身体器官隔离开来,"这种身心二元论所产生的不良后果罄竹难书"(杜威,1990)[149]。

由于身体妄动可能带来分心,所以学科课程更强调动脑静听的学习,课堂秩序与规则尤为重要。教师利用各种分门别类的知识去增进学生的理智态度,"学"有余而"习"不足,"知"与"行"相互割裂开来。

在向知识堡垒的进军中,如果只是通过理智这一武器进行正面进攻,而感官则是处于侧面佯攻的状态,那么,教育战役可能从童年时代开始就变成一场最为困难的战斗。(布鲁巴克,2012)[150]尽管形式教育所主张的通过学习语法复杂的古典语言来训练能力的方式被公认为并不科学,但学科课程恰恰不自觉地陷入了以官能心理学为基础的形式教育"苦行僧式的磨砺精神"的弊端之中。

第二节

活动课程的缘起与发展

学科课程长期处于支配地位，无可争议地被人们所接受。直到19世纪末20世纪初，活动课程的出现才促使人们对课程理论进行重新审视。活动课程起源于欧美国家的"新教育运动"和"进步教育运动"，其发展历史较学科课程要迟上千年。

活动课程常被认为是学科课程的对立面，是以儿童兴趣和需要为中心确定内容的课程。如施良方认为活动课程与学科课程相对，是打破学科逻辑组织界限，以学生的兴趣、需要和能力为基础，通过学生自己组织的一系列活动而实施的课程，常常被称为"儿童中心课程""经验课程"，他认为活动课程往往依据学生兴趣、需要而定，缺乏严格的计划。（施良方，1996）[275-278]

活动课程最初是与学科课程相对而出现的，活动课程或以儿童为中心的课程与传统的学科课程产生了公开的冲突，而能够消解这一冲突的主要思想出自杜威。杜威对课程的论述，常常被当作活动课程的理论，他本人曾就"活动"与"经验"之间的鸿沟专门做出过辨析，并试图以经验论为基础来调和"逻辑结构与心理结构的论争"。（布鲁巴克，2012）[310]他倡导的活动课程的基本特点包括活动课程在经验中、由于经验并为了经验。（张华，2019）[148]

杜威1897年在《我的教育信条》中指出，教师不是要在学校里对学生施加某些观念，而是要去选择和把关影响儿童的因素，这个过程需要以主动性的"活动"为中心。"活动"是杜威学校实现儿童心智发展和促进其社会适应能力的主要途径。（Martinello et al.，1999）活动课程所倡导的是一种整合性的知识观。课程整合不仅仅是一个组织内容的"搅拌机"，还需要结合学校特点、办学目的、课程来源和知识使用的方式等多个方面来思考。问题和"生活本身所引起的关注"应该是课程整合的源泉。课程整合的核心是寻求自我和社会意义。（Beane，1995）

本研究对活动课程的定义，沿用布鲁巴克在《教育问题史》中的定义：活动课程即基于经验本位的课程。课程不是按照逻辑顺序组织的、事先确定的内容体系。组织课程时，既要看到有待学习的事实真理的价值以及需要从整体上学习和掌握的必要性，又要尊重儿童早期的内在动能和生长潜能。课程应该源于儿童直

接的生活经验。按照儿童的心理顺序安排课程，充分利用儿童当前的经验和能力。（布鲁巴克，2012）[310-311]

在我国的课程政策语境中，活动课程有着不尽相同的内涵。1992年颁布的《九年义务教育全日制小学、初级中学课程计划（试行）》中，首次将"活动课程"列入课程计划。（高峡，1998）根据国家《九年义务教育活动课程指导纲要（讨论五稿）》规定，活动课程是指：在学科课程以外，由学校有目的、有计划、有组织地通过多种活动项目和活动方式，综合运用所学知识，开展以学生为主体，以实践性、自主性、创造性、趣味性以及非学科性为主要特征的多种活动内容的课程。活动课程侧重于对学生的参与意识、实践意识、竞争意识和观察、思考、动手、创造等能力的培养。活动课程内容主要包括社会教育活动、科学技术活动、文学艺术活动和体育卫生活动。（课程教材研究所，2003）

一、思想渊源

学者们对活动课程的历史渊源、发展脉络的分析虽然在细节描述上有细微差异，但整体上趋同，即活动教育肇始于卢梭、福禄贝尔（F. Fröbel），发展和确立于杜威。[1]

活动课程的思想渊源，可以追溯到法国自然主义教育思想家卢梭的"自然教育"思想。法国浪漫主义代表卢梭第一个提出一种新的、激进的课程思想。他主张教育要适应儿童的自然发展过程，提出将儿童放归大自然，提倡精心组织一系列活动，使儿童在活动中学习，反对向儿童传授现成的书本知识。他认为，应给儿童"有用"（即符合儿童现实需要）的知识，保证儿童的身心健康，教育随生命的开始而开始，孩子在生下来就已经是大自然的学生，教师只是在大自然的安排之下进行研究，问题不在于他学到什么样的知识，而在于他学到的知识要有用处。（卢梭，2004）卢梭的思想孕育了"活动课程"的萌芽，他的"世界之外无书籍，事实之外无教材"主张被后来的杜威所接续。（施良方，1996）[275-276]

---

[1] 但武刚在《活动教育的理论与方法》一书中将古希腊哲学家、教育家苏格拉底的"精神助产术"和捷克教育家夸美纽斯的"直观教学原则"视为活动课程的渊源。

二、形成体系

曾在德国耶拿大学受教，后来在美国哥伦比亚大学教育学院从事教学工作的查尔斯·A. 麦克默里（C. A. McMurry）和他的弟弟弗兰克·W. 麦克默里（F. W. McMurry）强调组织课程时应尊重儿童。他们认为恰当的教材应根据儿童年龄和发展阶段而有所不同，主张在儿童生活基础上组织学科，还开展了教学实验。如学校从历史、地理、科学、数学和语言学等学科中取材，设立学习项目，如"保证纯牛奶供应问题"那样的应用科学的学习项目，"亚利桑那州盐河灌溉计划"那样的地理方面的学习项目，"支援解决国家债务的密尔顿计划"那样的历史方面的学习项目等。（麦克内尔，1988）既有文献暂无从考证杜威的活动课程理论是否曾直接受麦克默里兄弟思想影响，但他们都曾先后任教于哥伦比亚大学，杜威学校的具体做法也与麦克默里兄弟的实验有相似之处。[1]实际上无论是教育实践的发展还是教育理论的产生，都不是隔空出世，而是前后一脉相承的。

在理论上和实践上确立活动课程的地位，并系统构建活动教育理论的教育家是杜威。杜威是活动课程理论的集大成者，他提出的活动课程思想的理论基础是他的实用主义经验论。（丁邦平 等，2002）

以杜威为代表的"现代教育派"主张将书本知识"还原"为学生的经验，强调学生的活动参与和操作学习，主张"做中学"，逐渐形成了"经验中心、活动中心、儿童中心"的活动课程教学论。（郭元祥，2013）[269-271]他注重儿童心理发展，反对系统化的学科知识，强调"做中学"，但同时也强调知识的组织和抽象。

杜威指斥传统的学校是"静听的学校"。他反对以往的课程观念，建议抛弃把教材当作某些固定的和现成的东西，当作在儿童的经验之外的东西的见解；不再把儿童的经验当作一成不变的东西，他说"学校课程的中心是儿童本身的社会活动"，他为从事这些活动设计了一种学习方式——"做中学"，通过学生主动的活动与探究获取经验。

杜威在芝加哥实验学校建立了一种代替旧课程的新课程——一批安排和设计

---

[1] 如《杜威学校》一书中所说，在杜威学校里，儿童通过烹饪探讨化学的事实与原则，对有关材料与过程的研究和缝纫一同进行；学校根据向儿童提供洞察社会生活的工具原则来组织历史教学，并开展工业与文明的历史发展知识的学习等。

得更好的新教材，即从学习者的经验开始，到代表种族积累的经验的有组织的科目而结束，即始于儿童经验，终于学科。（刘云杉，2019）[9]他设置了一个课程体系，将烹饪、缝纫、木工等活动置于中心位置，这些活动都是儿童在社会生活中所熟悉的。以活动的形式组织学科课程，而不是只采用传统的教学方式。后来，密苏里大学附属小学等一些学校也抛弃传统的学科课程，推行一种"四维课程"——观察、游戏、讲故事和手工。（布鲁巴克，2012）[309-310]

杜威的主张到了进步教育者那里，却成了彻底抛弃学科课程的依据。（施良方，1996）[276]1926年，杜威以尖锐的语气批判"儿童中心"学校缺乏成人指导，认为这是在尝试不可能的事情，因为自由不是指没有计划。但遗憾的是，他的教育哲学很少被应用，也很少被真正理解。新教育的实践者们高扬着杜威思想的旗帜，却一步步走入杜威的担忧之中。（刘云杉，2019）[4, 8]

三、当代演变

活动课程在20世纪二三十年代前后风行一时，到了50年代，随着科学技术的不断更新与发展，认知主义课程观和教学观日益占据主导地位，在美国中小学课程体系中，活动课程被分科的学科课程所取代。（郭元祥，2013）[121]

布鲁纳曾撰文评论杜威的《我的教育信条》。他指出，"杜威的作品就注意到了19世纪90年代学校教学的无效和僵化，特别是对儿童天性的忽视。他强调直接经验和社会行动的重要性，……杜威不遗余力地倡导对此进行割除和纠正。但是，正如过分的德行就是罪恶，杜威也有点矫枉过正"（杜威，2013）[295-296]，"我们必须考虑到认知的经济性和简约性"（杜威，2013）[300]。

后来杜威的追随者博比特（F. Bobbitt）和他的学生克伯屈（W. H. Kilpatrick）都对活动课程有了新的阐释，并在实践中推动课程理论不断发展。虽然杜威主张的以"活动"为中心重建学科教材的愿望未能实现，但活动课程的精髓在课程中持续发酵，不断被传承和延续。活动课程作为课程结构中的有机组成部分，融入了现代课程的系统之中。（丛立新，2000）[133]

博比特1918年出版的《课程》标志着课程作为专门研究领域的诞生，他本人也被誉为现代课程理论的先驱。他认为教育要使学生为完美的成人生活做准备，因此首先应该根据对社会需要的研究来确定目标。（泰勒，1994）[5, 7]他自己追随杜威，所以选择杜威的教育思想和立场，提倡采用"活动分析法"（activity analysis）对人类的广泛经验进行评析，提出"语言活动""健康""公民生活""一般社会交往""心理健康""闲暇活动""宗教活动""父母职责""一般实践活动""职业活动"10个活动领域。他认为，儿童根据自己的天性、欲望、机会、社会刺激等，利用不同类型的活动或经验来达到类似的目标，因此，课程似乎倾向于从统一的学习课程向个性化的课程发展。（Bobbitt，1921）他主张按活动的社会效用，特别是对儿童的效用排成序列，教学时选择更加重要的活动作为课程。

博比特从课程的人性化和综合程度的角度将活动课程划分为7类。从含在课程中较为单一的习题体系到独立地进行戏剧、演讲比赛等技能教学再到融合等都是不同的"活动"，活动课程的目的不仅是让孩子在学术上掌握信息和技能，更是维持人类的高级生活。因此，它不是针对人格的静态因素，而是针对人类行为的连续性进行设置的。（Bobbitt，1934）

"设计学习"概念最初并非由克伯屈提出。它在18世纪中后期作为一种学术和教学方法在教育中正式获得确认，从20世纪初至60年代，克伯屈重新界定"设计教学法"（project method）（张华 等，2009）[95]，他尝试将杜威的反省思维、问题教学法改造成"设计教学法"，以解决前者面临的被形式主义教学法挟持的问题。克伯屈坚持认为，学会过好生活的唯一方法就是参与实际生活，设计教学法就是为了设计尽可能像生活的教育。（刘云杉，2019）[9]他将杜威哲学与行为主义学习心理学糅合，为设计教学法注入了动机元素，这成为他的理论极为突出的特点。他认为活动的主要目的是激发内在驱动力。设计学习是一种以学生为中心的教学法，学生通过积极探索现实世界中的挑战和问题来获得更深的知识。

布卢门菲尔德（P. C. Blumenfeld）等对设计学习的过程进行分析，将其框架划定为学生提出和完善问题、辩论、做出预测、计划和进行实验、收集和分析数据、得出结论、交流想法和发现、提出新问题并完成作品等步骤。（Blumenfeld et al.，1991）项目学习建立在学生的兴趣与需要的基础之上，将有目的的活动作为教育过程的核心或有效学习的依据，对于打破学科体系，实施跨单元、跨学科的学习具有重要作用。在20世纪二三十年代，克伯屈的设计（项目）教学法在美国的初等学校和中学的低年级里得到广泛应用（伯曼，2004），近年来其以项目化学习的形态在我国基础教育领域成为素养教育的重要课程与教学载体（夏雪梅，2019）。

若与杜威的理论进行比较，博比特和克伯屈的主张实则与杜威大相径庭。博比特接续了杜威注重"活动""经验"的主张，但他对教育目标的看法与杜威截然相反：他认为教育是为了成人的生活而不是为了儿童，所以他强调课程目标应该来自社会，这实际上将社会当作了决定课程的唯一力量，脱离儿童几乎不可避免。（丛立新，2000）[33]克伯屈则与杜威的主张在根本细节上大相径庭。杜威虽然承认问题解决是教育的中心，但他指出过多的"设计"极为琐细，有可能会产生错误的教育作用。（刘云杉，2019）[9]杜威致力于儿童的经验与学科知识之间的平衡与整合，而克伯屈基于"儿童未来的需求是不确定的"这一观点而反对"预定"学科内容。（张华 等，2009）[99]

与问题解决法、设计教学法相比，传统的强调背诵的教学方法即使并不可取，但由于惯性力量，仍有许多人在继续运用。它自身也在吸收着问题解决法的精髓而不断变革和改进，如美国教育家莫里森（H. Moswrrison）提出"单元"教学计划，以及后来主张教师成为咨询者、教室成为实验室和会场的"道尔顿制"等，这被称为"教学方法的折中主义"。（布鲁巴克，2012）[251-253]

泰勒（R. W. Tyler）在总结"八年研究"的成果时提出，人们已经广泛接受了这样的观念：学校可以编制既满足大多数学生的兴趣和需要，又为学生进大学后获得成功经验做好准备的教育计划。美国课程专家坦纳夫妇（D. Tanner & L. N. Tanner）曾指出：体现在泰勒原理中的一些基本要素，都是从进步主义教育中派生出来的。（泰勒，1994）[15]

经济合作与发展组织（OECD）在2012年"国际学生评估项目"（PISA）中再次把"问题解决"作为评估项目之一，考查学生逐层递进的问题解决能力、将自己所学应用到新情境中的能力等。（王洁，2013）在这样的背景下，追求课程的综合化，强调课程面向儿童的经验和回归生活是当前世界各国、各地区共性的课程改革举措。（张华，2001）美国、英国、澳大利亚、法国、日本、挪威等国和我国台湾省在基础教育课程改革中，都注重开设综合实践活动类的课程，但这种课程在各国和地区的课程标准中称谓各不相同（钟启泉 等，2001）[90]，具体设置方式也各有不同。

例如在美国，尽管各州课程标准中没有统一的"综合实践活动"课程，但各州都设计了具体的、不同类型的综合实践活动课程，如自然与社会研究（studies of science, technology and society）、设计学习（project or design learning）、社会参与式学习（social participating learning）。美国的"社会"课程包含了历史、地理、政治、法律、经济等多方面知识。英国国家课程标准中关于综合实践活动相似课程的设计与美国各州类似，主要集中在社会学研究（social study）和设计学习两个方面。法国在课程标准中设计了"综合学习"课程，后来在大规模的课程改革中，相继在高中设置了"框架式个人研究"课程，在初中设置了"发现之旅"课程，并参照法国科学院倡导的"动手做"试验提出改革小学理科教育。日本在开设"特别活动"课程基础上，还在1998年12月和1999年3月颁布的《学习指导要领》中增设了"综合学习时间"。"综合学习时间"的增设，使日本中小学课程结构由"必修学科""道德""特别活动"三个板块变成了由"必修学科""道德""特别活动""综合学习时间"四个板块构成的课程体系。（钟启泉等，2001）[91-93]

近年来，美国还形成了以STEM为代表的相关学科整合课程，从过去的探究性学习走向工程实践，意在加强对学生跨学科能力的培养。俄罗斯在一至四年级开设"周围世界"课程，整合了关于人、自然、社会三个方面的思考；在五至九年级开设"社会知识"课程，整合了经济学和法学相关知识。（柳夕浪，2019）[20-23]

按照儿童的经验或社会生活来进行统整的课程中，使用了多种术语，例如"综合"（integrated）、"经验"（experience）、"活动"（activity）、"单元"（unit）、"设计"（project）等就为人们所熟知。活动（儿童中心）课程演变为基于问题的学习、项目化学习，以及最近风靡的STEM教育。（刘云杉，2019）[3]德雷克（S. M. Drake）和伯恩斯（R. C. Burns）在《综合课程的开发》一书中勾勒出了学科融合的"多学科综合""跨学科综合""超学科综合"三种不同样态。巴克教育研究所（Buck Institute for Education）则较为详细地阐述了项目化学习的定义，并提出了相应准则。

第三节

我国综合实践活动课程的演变

我国的综合实践活动既与19世纪末欧美国家的活动课程存在历史渊源，又在自有的历史传统和社会文化中历经淬炼。21世纪初它被设置为一门必修课程，以丰富课程结构，解蔽学科教学。若以2001年课程名称确立算起，它至今仅有二十余年，但若从20世纪20年代陶行知等引入杜威实用主义教育学说算起，则已有百年历程。

在总结活动课程实施经验的基础上，2001年《基础教育课程改革纲要（试行）》规定在中小学设置综合实践活动并作为一门必修课程，其内容主要包括：信息技术教育、研究性学习、社区服务与社会实践以及劳动与技术教育。2017年教育部颁发《中小学综合实践活动课程指导纲要》对其进行界定：综合实践活动是从学生的真实生活和发展需要出发，从生活情境中发现问题，转化为活动主题，通过探究、服务、制作、体验等方式，培养学生综合素质的跨学科实践性课程。

在我国基础教育课程体系中，综合实践活动是一种与各学科课程有着本质区别的新的课程领域，是我国基础教育课程体系的结构性突破。钟启泉等区分了学科课程与经验性课程的差异，认为学科课程与经验性课程是以课程内容所固有的属性为逻辑线索划分的：学科课程的主导价值在于传承人类文明，使学生掌握、传递和发展人类积累下来的文化遗产；经验性课程的主导价值在于使学生获得关于现实世界的直接经验和现实体验。（钟启泉 等，2001）[56, 71]张华认为，学科课程以学科知识逻辑为主要内容，要解决的基本问题是学生的心理经验与学科逻辑的关系问题；综合实践活动旨在发挥生活世界对人类发展的价值，所解决的是学生的心理经验与现实世界（生活世界）的关系问题。（张华 等，2009）[17]

一、陶行知对杜威学说的传承与发展

杜威教学体系在20世纪20年代进入中国，他本人于1919年五四运动前夕来中国讲学，传播实用主义教育。1922年我国制定新学制，明令实施儿童中心的教育。我国教育家陶行知提倡生活教育，陈鹤琴提倡"活教育"，晏阳初推广平民教育，都受到了杜威的启发。（张斌贤 等，2019）[2]

陶行知"在校时，他专攻王阳明的学说，……毕业后，负笈新大陆，从杜威博士游，以旧学切实的基础，益以实验主义的精华，至是自信力越强，创造力益大。学成之后，回国提倡平民教育运动，乡村教育运动，开办晓庄学校，山海工学团，发明'小先生'制以助成普及教育运动，并主张'生活即教育，社会即学校'，躬行实践，不务浮夸，为中国教育界造就不少人才"（董宝良，2013）[1]。他从杜威思想中汲取了以下四个方面内容：一是重视发挥教育改造社会的功能；二是反对传统教育只重视以文字、书本为中心，忽视教育与生活、社会的联系；三是强调"做"，注重行动，加强知与行、理论与实践的联系，反对死读书本、手脑两分；四是注重科学实验。（张斌贤 等，2019）[206]

陶行知对杜威既有继承也有超越。经过教育实践，他认为杜威的实用主义教育思想不符合中国国情，在中国行不通。他将杜威理论进行改造，提出颇具中国特色的"生活教育理论"，相继创办了晓庄师范学校、山海工学团、育才学校等。（周洪宇，2013）[291]晓庄师范学校实行"做学教合一"，课程以乡村生活为中心，打破学校围墙，设置为村民服务的活动课程——"联村"系列活动。上海山海工学团立足乡村，开展军事、生产、科学、识字、民权、生育六大训练，开展工读结合和"小先生"制。育才学校注重创造性教育，重视集体生活和劳动，将课堂教育与校外教育、社会活动相结合，这些都成为后来课外活动、活动课发展的雏形。

杜威教学体系虽进入中国，但并没有成为我国教育实践的主流，这是历史做出的自然选择。（王本陆，2009）[15, 61]回顾教育学百年历程，从最初借道日本学习赫尔巴特到对杜威实用主义的推崇，又从对杜威的批判到"一边倒"地学习苏联（白冰，1956），1949年后我国借鉴苏联实行单一学科课程的结构体系，以学科的逻辑体系为中心来编制课程（王炳照，2009）[127]，这反映出社会与政治发展对教育的必然影响。

二、生产劳动教育的政治意蕴

劳动教育思想是马克思主义教育思想的有机组成部分。"教育与生产劳动相结合"是马克思所提出的培养全面发展的人的方法（潘仲茗，1993）[17]，我国近现代教育哲学家许崇清曾批评杜威对于人类"生长"特质和具体过程的漠视。他认为人类是经由劳动与自然、与人相互联系中发挥作用，而环境又作用于他，他的感觉与表象就日益丰富蓄积起来，产生出种种意识与观念，这些意识与观念成为思维的材料。（北京师范大学校史研究室，1994）[161-162]

以毛泽东为代表的中国共产党人创造性地将马克思主义与中国的具体实际相结合，我国在20世纪50年代建立起社会主义基本制度。教育部1955年颁发的《小学教学计划》规定：除"生产劳动""体育锻炼"在《关于小学课外活动的规定》另行明确规定以外，特别增设第一学年到第六学年的"手工劳动"科，以便联系自然、地理、语文、算术等各科，制作教具玩具，并开展植物栽培、动物饲养等活动，使学生获得一些基本的生产知识，学会使用一些简单的生产工具，同时具有共产主义的劳动态度。

为配合《小学教学计划》执行，教育部同时颁发《关于小学课外活动的规定》，指出每周集体活动时间安排如下：课前操（课间操）和清洁检查每周共90分钟。课外集体活动每周共120—140分钟，包括：校会、班会、少年先锋队活动、体育锻炼、生产劳动、学习小组和社会活动（社会公益活动和参加少年宫、少年之家等校外机关的活动）等。（陆亚松 等，1988）[631-634]

课外活动与学科教学的目的、内容、组织形式、方法完全不同。就内容来说，一项活动可以涉及一个学科的内容，但也可以涉及多学科的内容。就组织形式来说，课外活动的形式应该是多种多样的，如调查、参观、远足、兴趣小组等。就方法来说，课外活动中更应该发挥学生的主动性，锻炼他们的组织能力。（叶立群，1988）

1958年9月19日，中共中央、国务院《关于教育工作的指示》中提到，"党的教育工作方针，是教育为无产阶级政治服务，教育与生产劳动相结合"，"共产主义社会的全面发展的新人，就是既有政治觉悟又有文化的、既能从事脑力劳动又能从事体力劳动的人"。自1959年至1978年，社会主义曲折发展，走了许多弯路，教育事业成了重灾区。如"教育与生产劳动相结合"演变成了取消学校教育，否定文化知识的价值，将教育变成单纯的体力劳动。（王本陆，2009）[60]

1978年以后，教育战线开始拨乱反正。1978年1月，全国统一的《全日制十年制中小学教学计划试行草案》颁布实施，其要求正确对待"主学"与"兼学"：

"坚持《五·七指示》道路，以学为主，兼学别样，……要组织好学工、学农、学军，批判资产阶级，搞好校办工厂、农场（或农村分校）和厂校、队校挂钩，开展勤工俭学活动，使教学、生产、科研结合，使学生在三个革命实践中接受工农兵的教育，克服非无产阶级思想，提高阶级斗争和路线斗争的觉悟，树立劳动观点，掌握一定的工农业生产知识和技能，初步具有人民战争的军事常识。"（陆亚松 等，1988）[656-657]该计划草案规定了"主学""兼学"每周学校统一安排的活动总量、课程设置等，虽仍有"文化大革命"痕迹，但明确了中小学教育是基础教育，应从全局出发，大力加强文化课教学的要求。（王本陆，2009）[80]不同历史时期对教育的要求有所不同，每次社会变革和发展必然带来教育方针的重大调整，从而直接影响到课程与教学目标的变革。

总体来看，20世纪90年代以前，我国中小学一直只开设传统的学科课程。单一的学科结构使人们把其他活动统称为"课外活动"，排除在课程之外，致使它们在多数学校里"名存实亡"，在有的学校里甚至没有"合法"地位。（廖哲勋，1999）后来出现了将学科知识融于生产劳动的课程实践探索，但在实践中走向了极端化，主要表现为"大跃进"期间的课程改革严重"左"倾，片面理解"教育与生产劳动相结合"的指示，导致正常的课程结构走向瓦解。（李俊堂 等，2019）知识学习与实践学习的关系如钟摆般摇摆，直到20世纪末才逐渐趋于稳定。

三、活动课程纳入课程计划

20世纪90年代前后，中小学片面追求升学率的问题不断受到批评，教育界开展了关于素质教育的大讨论。而活动课综合了思维和多种感觉器官，以整个机体参与活动为特征，依靠积极的观察、主动的操作与精细的感知来获得教育教养，有利于多种能力的培养和智力开发。（潘仲茗，1993）[1-2]它逐渐以"实施素质教育的载体"的身份进入了人们的视野，到20世纪末，我国课程体系改变了单一的学科课程体系和课程结构，将活动课程纳入其中。（王本陆，2009）[84-85]

1992年国家教委下发《九年义务教育全日制小学、初级中学课程计划（试行）》，首次将"活动"纳入学校课程。1993年秋季下发的《九年义务教育全日制小学、初级中学课程计划》明确规定：新的课程结构由学科类和活动类两部分组成。学科课程和活动课程是使学生在德智体美等诸多方面得到发展的必不可少的教育途径。（李其龙 等，2003）这是中小学教育教学改革的一项重大举措，活动课程正式被纳入课程计划，它与学科课程并列设置的局面自此打开，也初步奠定了后来综合实践活动在整个课程体系中的地位。

总体来说，当时的活动教学在中国始终没有形成足够的规模及影响（丛立新，1995），因其处于"课外"和"课余"的位置，或是被看成为学科服务的体脑调节课，或是被当作主要学科的增补加班课（仲庆元，1993）。它虽然有了一席之地，但是从活动课程的具体内容来看，与课外活动没有很大区别，还不是我们理论上所探讨的活动课程，它在课程结构及课程实施中所起的作用比较微小。（王炳照，2009）[127]

四、综合实践活动获得明确定位

1996年，国家教委基础教育司印发《全日制普通高级中学课程计划（试验）》，1997年在江西省、山西省、天津市试验普通高中新课程方案。其中增设"综合实践活动"新科目为必修课，包括研究性学习、劳动技术教育、社区服务与社会实践四部分。研究性学习时数为每周9课时，共288课时，劳动技术教育和社会实践每学年1周，社区服务利用校外时间完成。

2001年，教育部印发《基础教育课程改革纲要（试行）》，在总结试验基础上明确规定"从小学到高中设置综合实践活动并作为必修课程"。自1992年以来形成的学科类与活动类并列组成课程结构的局面进一步得到巩固，综合实践活动课程立足于从"第二课堂"到"活动课程"的实践经验的积累，终于在新课程的架构中确立起自身的课程地位。（钟启泉，2008）[159]

2001年，教育部印发《普通高中"研究性学习"实施指南（试行）》，规定了设置研究性学习的目的与目标、特点、内容的选择和组织。2003年教育部印发的《普通高中课程方案（实验）》规定，综合实践活动由研究性学习、社区服务和社会实践构成，共23个学分，占必修学分总数（116学分）的19.8%。2014年教育部《关于全面深化课程改革落实立德树人根本任务的意见》明确要求"强化教学的实践育人功能，充分发挥学科间综合育人功能，开展跨学科主题教育教学活动"，倡导将相关学科的教育内容进行有机整合，提高学生综合分析问题、解决问题的能力。2017年教育部颁布《中小学综合实践活动课程指导纲要》，对综合实践活动的课程性质、目标、要求等做出了具体的规定。

2018年9月，习近平总书记在全国教育大会上提出努力构建德智体美劳全面培养的教育体系。2019年6月，中共中央、国务院《关于深化教育教学改革全面提高义务教育质量的意见》强调坚持知行合一，让学生成为生活和学习的主人……加强劳动教育；充分发挥劳动综合育人功能，加强学生生活实践、劳动技术和职业体验教育。2020年3月20日，为加强新时代劳动教育，中共中央、国务院颁布《关于全面加强新时代大中小学劳动教育的意见》，强调培养学生的劳动观念与能力。

2020年，为深入贯彻习近平总书记关于教育的重要论述，全面贯彻党的教育方针，落实中共中央、国务院《关于全面加强新时代大中小学劳动教育的意见》，构建德智体美劳全面培养的教育体系，教育部印发了《大中小学劳动教育指导纲要（试行）》，规定了劳动教育的性质、基本理念、目标与内容。其中明确规定在大中小学设立劳动教育必修课，在学科专业中有机渗透劳动教育，在课外校外活动中安排劳动实践。

2022年4月，教育部颁布《义务教育课程方案（2022年版）》和16个学科课程标准。新的课程方案规定各个学科设立不少于10%课时的跨学科主题学习活动，加强学科间的相互关联，带动课程综合化实施，强化实践要求，并要求"统筹各门课程跨学科主题学习与综合实践活动安排。注重统一规范与因校制宜相结合，统筹校内外教育教学资源，将理念、原则要求转化为具体育人实践活动"。

综合实践活动在实践育人方面的功能架构日渐清晰。它以实现综合性、跨学科运用学科知识解决现实问题为导向，旨在弥补传统学科课程分科过细且远离学生现实情境的缺陷，实现两类课程的互补与融合，补齐实践育人短板。

第二章

综合实践活动的理论基础

西方国家盛行的自然与社会研究、设计学习等类型的课程均发轫于以杜威为代表的活动课程。杜威的实用主义教育哲学无论是在美国，还是在国际上都享有影响力。就对中国的影响而言，杜威教育思想影响的时间之长、范围之广、程度之深，是其他任何教育思想难以相比的。杜威教育思想对中国教育具有深刻影响，中国近现代新学制改革，学校课程、教材、教学方法等都受到杜威的影响。（张斌贤 等，2019）[1, 3]

在我国，从古代到当代的诸多哲学鸿儒大家对知行观的阐释可谓仁者见仁，智者见智。研究综合实践活动，理应从中国哲学、传统智慧中寻找理论之根。就近现代而言，陶行知深受我国传统文化熏陶，后师从杜威，曾因"知行关系"三易其名，引入杜威学说，后来提出"生活教育"主张并开展平民教育实验，他与杜威、与综合实践活动课的关系最为直接；毛泽东的哲学代表作《实践论》对传统"知行关系"做出时代回应，该篇的副标题就是"论认识和实践——知和行的关系"，他奠定了中华人民共和国成立后的生产劳动教育方针。

无论是杜威的实用主义教育哲学，还是我国哲学发展脉络中的知行论有关思想，都积淀了丰厚的智慧，历久弥新，对今天综合实践活动课程的发展启发良多，也成为本研究的理论基础。

第一节

杜威实用主义教育哲学

在西方心理学发展的长河中，杜威受所处时代生物学发展的影响，尤其是达尔文进化论的影响，把生物学观点引入心理学，成为19世纪末教育心理学范围拓展的标志。他坚决反对儿童与课程的二元对立。他创建的活动课程理论具有划时代的意义，作为一场运动的进步教育虽早已衰落，但进步教育中的基本命题却具有蓬勃的生命力，此后教育改革的基本命题一直无出其右。对于教育实验的失败，杜威本人曾坦言"在抽象原则上背弃传统是容易的，但要建立可靠的新实践是相当困难的。根据新的概念来管理学校，比之因循守旧，则更为困难"（刘云杉，2019）[11]。

杜威的教育实验与我国综合实践活动的内涵大有不同。在芝加哥实验学校，杜威要求学校成为一个雏形的社会，整个课程就是由互相联系的种种活动组成的，其本质是以"活动""作业"等重组学科课程教材。杜威指出，编写出一种新型的教材是非常困难的，他们并没有解决好，而且永远不能彻底解决。（梅休等，2013）[3]然而杜威力图将"活动"与学科课程融合的做法被传承下来。这一做法不是单独设置综合实践活动，而是将其融入学科课程之中，作为相对独立和专门的环节，如美国中小学各门课程普遍进行的科学探索或调查研究活动。（丛立新，2000）[222]

我国综合实践活动的情形则大不相同。无论着眼于历史还是现实，综合实践活动都只是在课程结构中独占一隅，通过设立一定比例的课时，鼓励学生在学习学科知识的同时兼顾学以致用、面向生活。这一现状是由我们国家的历史传统决定的，也是我们在分析杜威教育理论及实验的启发，甚至讨论项目化学习、STEM等话题时必须回应和观照的现实背景。

一、从"活动"到"经验"

"教育即经验的不断改造"是杜威提出的一个重要命题。经验论是杜威教育哲学的核心。他说，食而不化的"知识"贻害世界。一盎司经验之所以胜过一吨理论，只是因为只有在经验中，任何理论才具有充满活力和可以证实的意义。（杜威，1990）[153]他的《经验与教育》就是为了总结、修改和完善他关于经验的理论。杜威认为经验（experience）与实验（experiment）在词源上是统一的，有时他自称其哲学为"经验自然主义"。杜威引入"经验"概念，并以它来取代"知识"以说明和定义课程。常被忽视的一个现象是"经验"一词并未随着进步主义教育衰落和对杜威的批判而消失，反而日益正规化和普遍化。（丛立新，2000）[88]正是他对经验的论述使得儿童经验被纳入课程，课程与教学融为有机整体。

（一）经验的性质与意义

杜威强调以"活动""主动作业""工作"等形式重组学科教材，他对这种活动蜕变为任意的或者形式主义的训练极为担忧。因为在这样的活动中，儿童无法辨别它是喧闹的、缺乏思想性的、机械的和草率的，还是有目的的、有效率的、理智的和有秩序的。这里面暗含的就是杜威提出的，也是更为重要的"经验"的概念。林林总总的"活动"形态的本质是什么？在纷繁复杂、形式多样的"活动"背后，如何判定学生个体的心智特征是否得到发展？杜威引入"经验"概念对此做出回应。

在《民主主义与教育》第十一章，杜威开宗明义地说明了经验的性质：经验包含一个主动的因素和一个被动的因素，这两个因素以特有的形式结合着。在主动的方面，经验就是尝试。在被动的方面，经验就是承受结果。我们对事物有所作为，然后它回过来对我们有所影响，这就是一种特殊的结合。（杜威，1990）[148]

经验的性质使得自我和环境或世界不再区分开来。从经验这一性质出发理解"活动（主动作业）"的功效更加容易。从教学的角度来说，杜威之所以主张教材和方法的统一，反对教材和方法的二元论，正是源于"经验"的这种双重性特征。方法从来不是教材以外的东西，方法就是安排教材，使教材得到最有效的利用。

（二）经验与活动的差异

俗语说"吃一堑长一智"，然而事实并非如此。活动是否都能构成经验？什么样的活动不能称为"经验"？根据杜威在《民主主义与教育》第十一章的描述，可以概括为以下四种情况。

第一，零散无序、未能将某行动与其结果建立联系的活动不能称为"经验"。

"单纯活动，并不构成经验。这样的活动只能是分散的、有离心作用的、消耗性的活动。作为尝试的经验包含变化，但是，除非变化是有意识地和变化所产生的一系列结果联系起来，否则它不过是无意义的转变。……盲目的和任性的冲动，使我们急急忙忙漫不经心地从一事改做另一事。出现这种情况，事事都是昙花一现，丝毫没有生长的积累。"（杜威，1990）[148-149]

杜威非常乐于用打比方的方式来解释概念。他说，一个孩子把手指伸进火焰，这一举动（活动）本身并不是经验，只有当这个举动跟他遭受的疼痛联系起来的时候才是经验。如果他没有觉察到被灼伤是另一行动（手指伸进火焰）的结果，就只是物质的变化，像一根木头变化一样。

第二，与个体无连接、对个体无任何能力增长的活动不能称为"经验"。

"我们碰到很多使人感到快乐和痛苦的事情，但是并没有和我们自己过去的活动联系起来。对我们来说，它们只是偶然的事情。这种经验没有前没有后；既无回望，又无展望，因此它是没有意义的。我们得不到一点东西可以用来预料什么事很可能接着发生，也没有得到一点使我们能适应即将发生的事情的能力——没有增加一点控制的能力。"（杜威，1990）[149]

对学生而言，无论是有挑战性的知识学习，还是表面热闹的实践活动，如果无法调动学生已有的经验，无法进入学生内心，激发其主动学习的愿望，并从中进行发现、总结和提炼，从而获得启发，再精彩的内容对学生来说也味同嚼蜡、毫无价值，只能使他们陷入机械学习或者浅层学习的境遇。

第三，尝试错误法的行动不能称为"经验"。

"我们先做一件事，等到失败了，又做另一件事，一直尝试下去，直到偶然碰上一件事成功了，我们就采用那个方法，作为以后过程中单凭经验来做的方法。有些经验不过就是这种碰一下失败或成功的过程。我们发现某一行动和某一结果彼此关联的事实，但是没有发现它们是怎样联结的。我们没有看出联结的详细情形；联结的关键失去了。我们的识别是很粗糙的。"（杜威，1990）[154]

做事心猿意马，先做一事，不成继续试做下去，直到合适为止，成功好似"歪打正着"。这样的方法就算偶然成功，但是只知道所采取的行动与结果有关联，并不知道关联具体何在，所谓"知其然而不知其所以然"。跟上一种状态比，这种状态虽有所进步，但进步甚微。他的成功要依赖环境，适逢其会才偶中。此番道理，与美国教育心理学家桑代克（E. L. Thorndike）提出的动物以"试误学习"为基本学习方式有类似之处。而真正的智者更加审时度势、深思熟虑，能看到远大精微之处，悉心求出所采取的行动与后效之必然关联。

第四，墨守成规和任性的行动不能称为"经验"。

"墨守成规的行为把习惯的事物作为预料未来可能发生的结果的全部标准，而不顾他所做的特殊事情的种种关联。任性的行为把顷刻的行为作为价值的标准，不顾我们个人的行动和环境势力的联系。"（杜威，1990）[155]

林砺儒在其文集中对这一活动倾向做出评析："照例的行动把习惯当作准则，而不计量事情的特殊关联。随意的行动，把一时的活动作为价值准则，而无视自己的躬行实践与环境的相关。任随事情变化之所之，自己随后观览，不愿对于后效负什么责任。"（北京师范大学校史研究室，1994）[220]无论是骄纵自恃、固执己见，还是任性妄为、不计后果，都难以称为经验，这里面实际已经渗透着"思维"的态度。

（三）经验的连续性和交互性

杜威认为，教育哲学是属于经验、由于经验和为了经验的。他说，为了实现教育的目的，不论对于学习者个人来说，还是对于社会来说，教育都必须以经验为基础——这种经验往往是一些个人的实际的生活经验。"教育即经验的不断改造"是杜威三大论题之一。尽管如此，杜威反对把经验和教育直接彼此等同。他说，相信一切真正的教育是来自经验的，并不表明一切经验都具有真正的或者同样的教育价值。

怎样鉴别经验是否具有教育价值呢？于是他引出了对经验的原则的分析。

第一个原则是经验的连续性（experiential continuum，杜威称之为"经"）。每种经验既从过去经验中采纳了某些东西，同时又以某种方式改变未来经验的性质。在连续性里，他强调方向性。只有按照特殊的方向，使得连续性的经验有助于儿童的正常生长时，那种经验才具有教育的价值。例如他举"偷盗行为"为例，符合连续性但是并无价值。他指出，教育者的任务就在于看到一种经验所指引的方向。教育者的主要责任是不但要通晓环境条件所形成的实际经验的一般原则，而且要认识到在实际上哪些环境有利于引导生长的经验。最为重要的是，他

们应当知道怎样利用现在的自然和社会环境，并从中抽取一切有利于建立有价值的经验的东西。（杜威，2005b）[259]

杜威自己曾分析过如何通过经验的生长使教材的扩充和组织有次序地发展，认为这是教育的连续性原则要求去注意的问题。经验的领域是非常广泛的，它的内容也是因时因地而多种多样的，到目前为止，进步学校最薄弱的一点就是关于知识性教材的选择和组织。

第二个原则是经验的交互性（interaction，杜威称之为"纬"）。这个原则赋予经验的客观条件和内部条件这两种因素以同样的权利。任何正常的经验都是这两种条件的相互作用。两者合在一起，或在它们的交互作用中，便形成我们所说的情境（situation）。杜威认为，传统教育的弊病在于违背了交互性原则。他指出，传统教育的弊病不在于它强调控制经验的外部条件，而在于它对于也能够决定经验的内在因素几乎不予注意；不在于教育者本身担负起提供情境的责任，而在于没有顾及受教育者的能力和目的。杜威对此举了非常形象的例子：不给婴儿吃牛肉块，并不是否定牛肉块的营养价值。在小学一年级或五年级不教"三角"课，并不是对"三角"有反感。如果不考虑学习者所达到的生长状态，任何学科内部都不具备固有的教育价值。（杜威，2005b）[260-263]

经验在杜威那里，既不是主体对客体的反映，也不是独立的精神实体，而是主体和对象、有机体和环境之间的相互作用，是人和世界的统一。教育则是经验的系统运用。经验不仅是目的，更是任何教育过程的手段、依据和理由。（杜威，2013）[9]学生不仅被动地适应环境，而且能动地作用于环境；环境的变化又对学生起反作用。任何经验都是客观条件和内在条件的相互作用，即有机体与环境相互作用的结果。杜威所说的经验把人（经验的主体）和自然（经验的客体）都包括在内。

从经验的两个原则可以看出，连续性原则涉及的是经验的个体性，而交互性原则涉及的是经验的社会性，这两个原则就是杜威主张的教育的个体性和社会性的统一。这种统一还表现为儿童与课程的统一，或者说儿童与课程的统一实际上也是经验的两个原则的统一。他的论断，尤其是他对经验交互性原则的阐述，使得人们对教育过程的理解向前迈进了一大步：课程、教学与学习成为一个连贯的整体，而不再是传统教育认为的知识技能规则等的单向传递。

杜威对经验的分析对本研究中分析综合实践活动课程具有奠基性作用。在综合实践活动中，课程成为师生共同探索新知的过程，即教学与学习的历程；教学成为创生课程实践的过程，即课程开发的历程；而学习成为建构知识与人格的过程，即教学交往的历程。综合实践活动最终实现了课程、教学与学习的一体化，从而有效地解决了课程、教学与学习彼此割裂的问题。（钟启泉，2008）[143]

杜威基于经验论主张，在《儿童与课程》中力图调和学科中心课程与儿童中心课程理论的对立。他说，以学科逻辑为立场的一方以"训练"为口号，强调教师必须以充分的训练和学识来"指导和控制"；以学生心理为立场的一方以"兴趣"为口号，强调教师必须具有对儿童的同情心和对儿童自然本能的认识，提倡"自由和主动性"。他指出，要摆脱那种以为在儿童的经验和各种不同形式的教材之间存在鸿沟的偏见。要抛弃把教材当作在儿童经验之外某些固定的和完成了的东西的观念。在他看来，儿童与课程不过是构成一个单一的过程的两极。正如两点之间可以连成一条直线一样，儿童现有的经验以及构成各种科目的事实和真理，构成了教学。从儿童的现有经验进展到以有组织的真理系统为特征的、被称为科目的东西，就是一个经验持续改造的过程。

在杜威眼里，教学内容是儿童现有的经验以及构成各种科目的事实和真理的累加。此句中的"经验"是名词意义上的经验，并且随着儿童生长情境的变化具有"生成性"。他认为的教学过程（"经验持续改造的过程"）是从"儿童的现有经验"逐步向"以有组织的真理系统为特征的、被称为科目的东西"发展的过程。他说，各门不同的科目，如算术、地理、语言等本身就是经验，体现了一代又一代人的努力、斗争和成就而积累起来的成果。进入儿童当前经验的事实和真理，与包含在各门科目中的事实和真理，是同一个现实的最初称谓和最终称谓。

杜威提出了"做中学"的方法。做中学并不是指用手工来代替课本的学习。他说，知识在编入儿童的课本之前，必须加以简化，大量压缩。这并不意味着教科书必须被废除，而是说它的功能改变了。教材成为学生的向导，靠着它可以节省时间，少犯错误。书本不再是唯一的导师；手、眼睛、耳朵，实际上整个身体都成了知识的源泉。而教师和教科书分别成为发起者和检验者。他还比喻说：任何书本或地图都不能代替个人的经验；它们不能取代实际的旅行。物体下落的算术公式也不能代替掷石子或把苹果从树上摇下来。（杜威，2005a）[251-252]杜威基于教育的交互性原则，突出强调了直接经验的作用和基于现实情境开展教学的意义。

杜威主张"学校即社会",他认为一个实际的经验情境才是思维的开始阶段,因此要从日常生活中找寻能令人感兴趣的"活动""作业",使得符合实际生活的情境重现于校内。所以他在学校内建造工场等,带领学生开展烹饪、缝纫和木工活动。

总体来说,杜威的实用主义教育主张,尤其是他关于经验、反省思维等的理论,具有重要的意义。他所创建的"学习与主动作业("活动")相结合"精神的芝加哥实验学校,为后来的研究者提供了丰厚的研究素材。

二、思维何以发生

奥苏伯尔(D. P. Ausubel)等认为,"作为对思维中所包含的连续时间阶段的一种正式描述,六十多年来并没有人对杜威1910年的描述作过明显的改进"(奥苏伯尔 等,1994)。

(一)思维的定义与作用

在传统哲学看来,经验与思维是分离的,甚至是对立的。杜威克服了传统的二元论哲学的弊端并把经验同思维统一起来。他认为思维不是一种可以割裂开来的心理过程,在思维过程中,要观察大量实物,从事种种暗示。

所谓思维或反思,就是识别我们所尝试的事和所发生的结果之间的关系。具体表现为:仔细观察、分析以考察事情和结果之间的关系,扩充洞察力,对将来的预见更加准确、全面;详细了解结果所依靠的条件,明确我们是否具备所需要的条件来扩大对环境的实际控制。思维与经验是什么关系呢?杜威指出,没有某种思维的因素便不可能产生有意义的经验。按照经验中所含思维的比例可以对比不同类型的经验(如前面列举的"无意义经验"的诸多表现类型)。随着经验在数量上的不断增加,经验的价值也成比例提高。所以经验的质量起了变化,这种变化可以称为"反省的经验"。

尽管杜威没有直接表述两者的关系,但总结上述观点不难得出:在杜威眼里,思维是区分和检测经验"有效成分"的"试金石",是"思维"把"有意义的经验"与"无意义的经验"区分开来。而"反省的经验"则为经验数量不断积累、质量提高到一定程度上发生的必然结果。

杜威认为，思维由某种事物作为诱因而发生，这引起了人们的困惑，打乱了人们的心理平衡。困惑被提出以后，接下来便要提出某种暗示，考虑对问题做出何种解释。然而有了疑难的状态和先前的经验，思维未必是反省的。只有人们心甘情愿地忍受疑难的困惑，并不辞劳苦地进行探究，才有可能有反省思维（reflective thinking）。反省思维同拙劣的思维是绝不相同的。杜威认为，反省思维是最好的思维方式，教育的目的就是培养反省思维。他将其定义为：现有的事物暗示了别的事物（或真理），从而引导出信念，此信念以事物之间的实在关系为依据，即以暗示的事物和被暗示的事物之间的关系为依据。（杜威，2005b）[11-22]

杜威在分析经验时指出，衡量一种经验的价值的标准在于认识到它所引起的种种关系或连续性的多少。没有某种思维的因素，就不可能存在有意义的经验，即反省思维。反省思维不依赖于运气，它是一种具有思维的经验，从而也使得思维本身转变为经验。

杜威认为，学习就是要学会思维，教育的理智方面是同培养反省思维的态度密切相关的，对已有的反省思维态度要加以保持，改变那些比较散漫的思维方法，尽可能地形成严密的思维方法。在杜威看来，思维要始于问题，教学和学习也要始于问题。思维就是方法，是一种明智的学习方法，一种有教育意义的经验的方法。因此，教学法的本质特征和思维的本质特征是相同的。（杜威，2005b）[14-16]

（二）思维的态度与方法

杜威认为，良好的态度与熟练的方法的结合是实现反省思维的必经途径，两者缺一不可。他说，培养适于应用最好的研究和检验方法的态度是能做到的，但只具有方法的知识是不够的，还必须有运用方法的愿望和意志。（杜威，2005b）[33]

杜威将形成反省思维需要培养的态度概括为直接性、虚心、专心、责任心。直接性表明一个人奋起而应付情境的需要，是对生活情境的坚定态度。虚心是积极欢迎从各方面来的暗示和有关的知识，对有助于了解需要解决的情境和决定行动结果的任何考虑都能接受。它的反面是偏心、顽固不化、抱有成见、胸襟闭塞……。专心就是心智完整，如果能全神贯注、全心全意地学习教材，就能养成专心的习惯。责任心是指事先考虑任何计划中的步骤的可能后果，并有意承受这些后果的倾向。

他还概括说，用本人的态度来表达，优良的方法具有以下几个特征：直截了当的态度，灵活的理智兴趣或者虚心的学习意志，目的的完整性和承担包括思维在内的个人活动后果的责任心。（杜威，1990）[185-191]

反省思维的方法也非常重要。杜威自己将反省思维概括为五个阶段，这五个阶段有时也被形象地称为"思维五步法"：（1）暗示，在暗示中，心智寻找可能的问题解决办法；（2）使感觉到的（直接经验到的）疑难或困惑理智化，成为有待解决的难题和必须寻求答案的问题；（3）以一个接一个的暗示作为导向意见，或称为假设，在搜集事实资料中开始观察、分析等；（4）对一种概念或假设从理智上加以认真地推敲（推理是推论的一部分，而不是推论的全部）；（5）用行动检验假设。

在分析了反省思维的五个阶段之后，杜威做了两点重要说明：第一，五个阶段的顺序并非固定的、按顺序逐一出现的。在真正的思维中，每个阶段都有助于一个问题的形成，并促使这个问题变成指导性的假设。这五个阶段只是一个大概的轮廓，而且其中某些阶段范围相当广泛，还会包含几个小的阶段。第二，反省思维除了这五步，还包括对未来的洞察、预测和对过去的反思与参照。这应当列为第六步。（杜威，2005b）[94-101]

"态度"和"方法"哪个更重要？杜威的回答是"态度"。他说，如果强使我们做出选择，一个是个人的态度，另一个是关于逻辑推理原则的知识，后者具有某种程度的技巧，是能巧妙处理问题的特殊逻辑方法，我们将选择前者。幸好我们不必做出这样的选择，因为个人态度和逻辑方法并不是对立的。（杜威，2005b）[37]

第二节

中国哲学的知行观

在我国，知与行的关系问题一直是古代认识论中的根本问题。从古代到当代，诸多哲学鸿儒大家对知行观的阐释可谓仁者见仁，智者见智。从我国传统哲学看，"天人合一""知行统一"观念一以贯之。古代思想家孔丘、荀况、王阳明、王夫之等都就知与行的具体关系做出了论述。近代以来，与综合实践活动课关联密切、对综合实践活动课影响深远的有两位：一位是近代教育家陶行知，另一位是哲学家、政治家毛泽东。

陶行知深受我国传统文化熏陶，后师承杜威。他曾因"知行关系"三易其名，引入杜威学说，后来提出"生活教育"主张并开展平民教育实验，他与杜威、与综合实践活动课的关系最为直接。毛泽东曾两次听取杜威讲座，他早期的教育思想曾在一定程度上受到杜威影响。后来他把马克思主义与中国哲学相结合，实现了马克思主义中国化。他的哲学代表作《实践论》对传统"知行关系"做出时代回应，该篇的副标题就是"论认识和实践——知和行的关系"，他奠定了生产劳动教育的政策方针，对中华人民共和国成立以后综合实践活动课程的发展走向更具影响力。

我国综合实践活动课程的发展深深植根于我国传统哲学土壤中，又刻有时代发展和课程传统的深厚烙印。综合实践活动课程的实施绝不能是西方哲学、心理学思想和课程经验的简单移植，而是要根植于中国的历史文化传统，回应当前教育改革现实的种种挑战，艰苦而真实地成长。

一、古代哲学知行观及启示

我国传统知行观主要围绕知与行的内涵注解、先后与轻重、互动关系等进行阐述。就"知""行"词义内涵而言，不同历史时期的哲学大家对其阐述并不全然相同。如朱熹所说的"知"，强调"致知在格物"，通过格物的途径获取外在的万事万物之理。作为理学内部与朱熹学说相对立的王阳明提倡"知行合一"。他所言之"知"是致心中固有之知，"行"是行心中固有之知，他提倡的知行合

一是在建立心学基础上的"致良知"。（周洪宇，2013）[10]

传统哲学的"知"与"行"的词义内涵，与今天普遍意义上的"认识"与"实践"关系并非直接等同。黄显中、胡丹指出：在中国传统知行观中，"知"主要指道德领域的良知，"行"主要指道德领域的践履。（黄显中 等，2017）[13]宋志明认为，我国的哲学之"知"，不完全是一个知识问题，也包含价值判断。他认为王夫之是第一个正式将"行"界定为"实践"的人。（宋志明，2015）[10]

另者，尹旭在1995年发表的《知行观与认识论》中曾提示：由于中国传统哲学在本体论上历来主张"天人合一"，这与西方哲学思维将世界二分为主客体两极的状况大相径庭，因此不能笼统地将知行观看作认识论问题。他反对简单地视"知先行后"为唯心主义、视"行先知后"为唯物主义，他认为该种简单化倾向非常普遍，而知行观所关心的核心问题，主要是知识的学习及如何在行动中予以实施的问题。（尹旭，1995）"知先行后"还是"行先知后"问题实质上讨论的是知识的来源问题，本研究着力分析的是个体学习过程中"知行关系"的处理问题。因此，下文中有针对性地汲取了传统哲学思想中的部分主张，以期对分析综合实践活动课带来启发。

（一）重"知"更重"行"

重"知"且重"行"是我国传统哲学的主导思想。总的来看，重"知"需把握两对关系："思"与"学"、"知"之于"行"。重"行"需把握"行"之于"知"的作用。

1. 重"知"："知"之于"行"的作用

第一，"学思结合"乃为"知"。"学而不思则罔，思而不学则殆"强调的就是学思结合的重要性。这也是重"知"主张的重点。如荀况就曾对比"君子"与"小人"学习的不同。他说不善于学习的人，知识从耳朵里进去然后马上就从嘴里出来了，哪能有益于身心发展呢？而智者学习知识，听在耳里，记在心里，表现在威仪的举止和符合礼仪的行动上。一举一动，哪怕是极细微的言行，都可以垂范于人。

第二，"知"对"行"有指导作用。荀况认为"知明"方能"行无过"，谈的就是"知"的重要性。

2. 重"行":"行"之于"知"的作用

"非知之艰,行之惟艰"被认为是中国最早的知行学说,这种观点一方面认为"行之"比"知之"更难,另一方面强调知行统一。知道了必须去"行",说了还要去做。反对"知"而不"行",只说不做。儒家重"行"的观点荀况讲得更透彻。他说,闻之,见之,知之,行之。他把"行之"包含到认识过程中,认为"行之"是认识的最高阶段,高于"知之","行"为"知"的目的。(方克立,1982)

东汉的王充否定有"生而知之"的人。他说"实者,圣贤不能知性,须任耳目以定情实""如无闻见,则无所状""不目见口问,不能尽知也"(出自《论衡·实知篇》),意思是即使聪慧过人的圣贤之人也不是一生下来就无所不知,他们也需要通过听、看、做等实际行动才能掌握知识。"远不如近,闻不如见"(出自《论衡·案书篇》),他认为"材无不敏,知无不达",就看是否亲自参加实践活动,实践经验越丰富,知识技能越高,"材士""巧女",如果没有任何实践活动,再简单容易的事情也做不出来。这强调的就是实践在认识过程中的作用。

(二)强调"知"与"行"的辩证关系

1. 朱熹:"知行常相须"

宋代理学家朱熹不但强调了重"行",还认为"知"与"行"应该相辅相成。朱熹说"知行常相须,如目无足不行,足无目不见",认为知和行犹如有眼无足不能走路,有足无眼看不见路,两者相互联结,不可替代、偏废,还可以相互促进,故"知之愈明,则行之愈笃;行之愈笃,则知之益明"。朱熹认为不应对知与行顾此失彼或厚此薄彼,在学习过程中,知、行必须相互配合、齐头并进,他说"知与行须是齐头做,方能互相发",认为只有深入了解知与行的内在关系,才能促使它们在社会实践活动中相互配合、齐头并进,才能做到知行相须;反之,在社会实践活动中不管偏向知和行的哪一方,都必然导致"徒明不行,则明无所有,空明而已;徒行不明,则行无所向,冥行而已"。鉴于此,朱熹反复强调:"致知力行,用功不可偏,偏过一边,则一边受病。"(龙兴,2019)在他看来,知与行仿佛鸟儿的两个翅膀、车子的两个轮子,这两个脍炙人口的例子非常形象地说明了他的"知行相须"主张。(宋志明,2015)[9]

2. 王阳明："知行合一"

明代心学家王阳明主张"知行合一"，他说"知行本体，即是良知良能"。知和行分不开，没有先后之别。当下"知"得，当下即是"行"，两者合一，并不可分割。他指出"知之真切笃实处即是行；行之明觉精察处即是知，知行功夫本不可离，只为后世学者分作两截用功"。意思是世人之所以把知和行分成两段，是因为不懂得知行合体。"知"达到了"真切笃实"的境地自然就是"行"了，否则只能是盲行。"行"达到了"明觉精察"的境地自然就"知"了，否则只能是妄想而非真知。王阳明还进一步阐述了知与行的关系。他认为，知与行互为存在条件，两者你中有我、我中有你，不可分割。他还讨论了"行"与"学问思辨"的关系，指出"行"与"学问思辨"不是割裂的、独立的。（时中，1994）

3. 王夫之："行可兼知，而知不可兼行"

明末清初思想家王夫之强调"行可兼知，而知不可兼行"，只承认知行之间存在着"兼"的关系，反对把"兼"夸大为"合"，认为那样容易导致"消行以归知"，把"行"的首要位置给取消了。王夫之不但重新把"行"置于首要位置，还明确地把"行"界定为实践。他说"知之尽，则实践之而已。实践之，乃心所素知，行焉皆顺，故乐莫大焉"，把实践的概念引入知行观讨论。

按照传统哲学对知行关系的论述，学习者在学习知识时因循着由表及里、由浅入深的过程，要运用分析、综合、论证等多重思维方法。从孔丘就提倡学思结合，但是只有学思结合是不够的，还要看到"行"对于"学思"之要紧关系。

在这个过程中，实践发挥着重要作用，两者密不可分。首先，从学习者的行为实践中可以获得和深化认识。如王阳明所说"真知必是行"。对问题思考、分析得深入，认识得透彻，就会影响到我们的行为实践；而实践又可以反过来丰富、完善和扩充我们的思想。所以说，实践是促进学习者深度学习的助推器。借由实践，既可以对某一阶段的知识学习、思想发展进行总结，又可以推动对新知识的学习。

书本知识与实际操作同样重要。重视书本知识而轻视实际操作，不讲实践而只是一味死读书，"两耳不闻窗外事，一心只读圣贤书"，必将陷入盲知境地。（北京师范大学校史研究室，1994）[870]

二、陶行知的行知观及生活教育实验

哈佛大学终身教授、汉学家费正清认为，杜威最有创造力的学生是陶行知，作为杜威的学生，他正视中国的问题，超越了杜威。（张斌贤 等，2019）[7]陶行知猛烈地批判传统教育，但他认真汲取优秀传统文化，如其"行是知之始，知是行之成"理论主张就是在吸收《墨辩》"亲知、闻知、说知"和王阳明"知行合一"思想基础上形成的。他满怀教育救国的热忱，坚持在中国土壤上产生适合中国发展的教育，在中西文化的精华中吸取营养，丰富自己的思想。（张斌贤 等，2019）[100-101]1917年夏，他回国后通过教育试验，发现杜威所主张的"教育即生活""学校即社会"所讲述的生活，不是真正的社会生活，是学校模拟社会的假生活，而"做中学"也有不足之处，脱离了"教"与"学"，有碍于学生学业的迅速提高和质量保证。于是他将杜威的"教育即生活"主张翻转过来，在继承的基础上予以改进，创造性地提出了"生活即教育""社会即学校""做学教合一"的生活教育论。

知行问题是陶行知始终关心和试图努力解决的问题。把握了他的行知观，对其提出的生活教育等若干主张能起到提纲挈领的作用。他在历来崇尚行不更名、坐不改姓的中国传统社会环境中，从"知行"到"行知"再到笔名"衎（gàn）"（陈树杰 等，2012），足见其对知与行统一关系的坚定认识，也反映了他对知行关系的认识历程。

（一）行知观

明代心学家王阳明主张"知行合一"，他认为"知"达到了"真切笃实"的境地自然就是"行"了，否则只能是盲行。"行"达到了"明觉精察"的境地自然就"知"了，否则只能是妄想而非真知，认为"知是行的主意，行是知的功夫，知是行之始，行是知之成"。该学说对于金陵大学求学的陶文濬也产生了很大吸引力。1911年，他将自己的原名文濬改为"知行"。（周洪宇，2013）[11]

后来陶行知赴哥伦比亚大学求学，受到杜威实用主义教育理论影响，1927年以后陶行知不再赞同王阳明"知先行后"的主张，并将王阳明上述主张中的"知"与"行"字直接对调，提出完全相反的主张——"行是知之始，知是行之成"理论，于1934年将名字"知行"又改为"行知"。陶行知认为，先行动才有知识。

"做学教合一"的思想就是在这一理论的基础上发展而来的。杜威和陶行知都重视"知行合一",杜威是从互动方面理解知行关系的,陶行知则从先后维度谈"知行合一"。(张斌贤 等,2019)[133]

陶行知认为仅仅读书是不够的,"如果有所知,也不过是知人之所知,不是我之所谓知"。(曲曼鑫,2019)他此处所言的"知人所知"可以理解为学习间接经验,"我之所知"可以理解为行动,或"行",也即他后来阐述的"做"。综合起来理解,在两者关系上"行重于知"。他师承杜威及其教育实验精神,在"行"的道路上付出了坚实卓越的努力。他躬行实践,不务浮夸,为中国教育界造就了不少人才。(周洪宇,2013)[1]陶行知当时怀揣救国之恒志,办学兴教、改革时弊,体现了他重"行"的真谛。

(二)生活教育理论

陶行知前期接受杜威"教育即生活"的主张,后来将其翻了"半个筋斗",提出了"生活即教育"主张。

传统教育与生活教育有什么区别?陶行知对此进行了对比与分析。可从两种教育的内容、方式、结果、目标等方面进行归纳,如表2.1所示。

表2.1 陶行知所描述的传统教育与生活教育的区别

	传统教育	生活教育
内容	读死书	读活书
方式	死读书	活读书
结果	读书死	读书活
目标	劳心而不劳力,不教劳力者劳心 (教人升官发财)	劳心与劳力并重 (教人做大众的公仆)

陶行知跟他的老师杜威一样,非常善于通过打比方来讲述道理。他说,活的教育,打比方讲"正像鱼到水里、鸟到树林里一样,好像在春光之下,受了滋养料似的,也就能一天进步似一天"。活的教育需要的材料:要用活的人去教活的人;随时随地拿活的东西去教活的学生,比如拿一件花草来教授儿童,将这花草解剖开,研究其中的奥妙,看它是如何构造的;要拿活的书籍去教小孩子,书

籍所记载的那个人的思想、经验要是很高尚的，与人生很有关系的。（董宝良，2015）[76-77]

（三）教学方法

"做学教合一"是陶行知"生活教育"理论的切入点，同时也是一种新的教学方法。这一理论的中心就是"做"，它既是学的中心，也是教的中心。重"做"的思想无疑是源于杜威"做中学""主动作业"理论的。但是陶行知的"做学教合一"实则突破了"做中学"的意蕴。

生活教育就是"做学教合一"，要想获得人类全体的经验，必须从"做学教合一"始，以"做学教合一"终；与"做学教合一"共始终，那才最有效力。他认为，传统教育方法将教、学、做分作三项不同的事情是不对的。教、学、做不是三件事，而是一件事。他以"做"为中心，把教与学统一起来。

"做学教合一"的理论前提是"行是知之始，知是行之成"。陶行知认为，经验又有直接、间接的分别。我们必须有从自己经验里生发出来的知识做根，然后别人的相类的经验才能接得上去。倘若自己对于某事毫无经验，我们绝不能了解或运用别人关于此事之经验，必须以个人的经验来吸收人类全体的经验。孔子说"举一隅，不以三隅反，则不复也"。荀子说"以一知万"。"一"必定是安根在自己的经验里。自己经验里的"一"是一切知识的起点。有了这个"一"才能收"三反""知万"之效。（董宝良，2015）[255-256]

杜威和陶行知两人都强调从生活实践中学习，都强调实践的作用。但是杜威的"做中学"受其"教育即生活""学校即社会"主张影响，例如杜威学校里主要提倡在校内模仿社会生活，学生通过"主动作业"方式参与活动，获得直接经验。而陶行知"生活即教育""社会即学校"主张更适切于中国实际。这种思想植根于中国大地，又深深地影响着中国的教育。其对综合实践活动的启发至少体现在以下三个方面。

第一，"学校"概念得到重构。陶行知反对关起校门，反对将学校与社会隔离开来，他在晓庄师范学校进行了打破学校围墙的实验。这一观念打破了传统的地理意义上的学校概念，学校不再是围墙内的机构，而是人人教育、处处教育的大熔炉。

第二，"教师"的概念得以解放。从广义的教育观点看，学生与先生并无严格分别。学校里的教员不再是唯一"教师","做学教合一"使得生活成了教师。

第三,"学习"的形态发生了根本变化。不是教、学、做三件事,而是"做学教合一"。他说:"中国的教员、学生,实在太迷信书本了。他们以为书本可以耕田、织布、治国、平天下;他们以为要想耕田、织布、治国、平天下,只要读读书就会了。书本是个重要的工具,但书本以外的工具还多着呢!"(董宝良,2015)[254]

杜威重视在学校教育中的"做",并未强调在实际生活中的"做"和"行动"环节,陶行知则反对将眼光局限在偏狭的学校教育上,认为那样好比"动物关在笼子里失去了自由",陶行知怀揣教育救国梦并极力推行民众教育、平民教育,以实现社会改造。

三、毛泽东的《实践论》及生产劳动教育方针

20世纪初期杜威来华讲学时,毛泽东曾两次听取杜威的讲演,一次在上海,一次在长沙。特别是1920年10月杜威来长沙讲演,毛泽东被湖南《大公报》特邀为此次讲演的记录员,他对此印象很深。杜威的讲演及其著作尤其是"教育即生活""学校即社会"理论,对青年毛泽东产生了一定影响。(彭干梓,2004)他主张彻底变革中国延续上千年的封建主义"旧式"教育,克服由西方传入的资产阶级"新式"教育的种种弊端,主张以民族的、科学的、大众的新民主主义教育观取代当时具有浓厚封建意味的资产阶级教育观。在办工人补习学校和农民运动讲习所教育实践中,毛泽东坚持教育必须为无产阶级政治服务的观念,强调教育必须要与生产劳动相结合,才能达到"身心并完"。(周超,2013)[3]

澳大利亚学者普赖斯(R. F. Price)指出,毛泽东的教育思想的形成,一是源于欧洲的马克思主义,二是源于中国的知识传统。(周超,2013)[15]"知与行"是我国古代哲学的话语,"认识与实践"是马克思主义哲学话语。毛泽东的《实践论》既是接续着马列主义的传统,也是接续着中国哲学的传统讲的,并且把这两方面有机地整合在一起。(宋志明,2015)[6]《实践论》中,毛泽东列举了实践的形式,并阐述了实践在人类认识中的作用、认识的辩证发展过程、认识运动的规律等。

(一)实践与认识的关系

毛泽东继承并发扬了中国传统哲学中"知行相须"的主张,他突出强调"实

践第一"的观点，指出实践贯穿着认识的全过程，"实践是认识产生的源泉，认识以实践始、以实践终"，深刻揭示了实践在认识过程中的基础地位和决定作用。他说，真正"亲知"的是天下实践着的人，那些人在他们的实践中取得"真知"，正如俗语"不入虎穴焉得虎子"。我国南宋诗人陆游曾说"古人学问无遗力，少壮工夫老始成。纸上得来终觉浅，绝知此事要躬行"，也是这个道理。列宁在《唯物论与经验批判论》中说："认识只有当它反映不依存于人类的客观真理的时候，它对于生物才是有益的；换言之，对于人类的实践，对于生命的保存和种族保存才是有益的。"客观的世界、客观的真理，通过实践在认识中被反映出来。客观的世界和客观的真理由此对于人类的认识不再是分离的、割裂的。毛泽东分析了"实践的领域"，认为实践包括物质生产实践、社会政治实践以及科学文化实践，他多次讲到，人类的生产活动是最基本的实践活动，是决定其他一切活动的东西。（杨信礼，2014）[21]

肯定实践是认识的源泉，并不是否定间接经验（知识）的重要性和必要性。由于知识是可以传承的，现成的知识对学习者来说或许是间接经验，但是却蕴含着前人贤者若干年甚至若干代人的经验积累和智慧结晶。对知识的学习使得学习者可以沿着前人总结的行之有效的思考方法和路径前行。

人类认识的根本目的不是解释世界，而是指导实践，自觉能动地改造世界。如果从人类实践与认识的这一过程来看教育的本质，可以得知：教育是人类社会的实践与学习活动。人类以劳动作用于自然界，从而改变了自然，在这一过程中也改变了自己。简言之，人类在劳动与实践中认识环境，改变环境，这是认识的目的；在这个过程中也发展自己，认识自己，正如苏格拉底所崇尚的"认识你自己"。

（二）认识的辩证发展过程

实践、认识、再实践、再认识，这种形式循环往复以至无穷，而实践和认识之每一次循环的内容，都比较地进到了高一级的程度。这就是辩证唯物论的全部认识论，也是辩证唯物主义的知行统一观。（李维武，2014）

人类通过实践而发现真理，又通过实践而证实真理和发展真理；从感性认识能动地发展到理性认识，又用理性认识能动地指导革命实践，改造主观世界和客观世界。毛泽东把一个完整的认识过程概括为"两个飞跃"，即从实践到理论，

再从理论到实践的辩证发展过程。（杨信礼，2014）[29]

  毛泽东既是伟大的理论家、哲学家，又是伟大的政治家。《实践论》是毛泽东哲学思想的代表作，也是为用马克思主义的认识论观点去揭露党内的教条主义、经验主义等主观主义的错误而写的。因为重点是看清实践的教条主义这种主观主义，故题为《实践论》。《实践论》提出了广义的"实践"概念，但其对实践概念的运用却是狭义的，即无产阶级实现自由解放的共产主义实践，具有鲜明的政治意蕴。（黄显中 等，2017）[12]

  毛泽东奠定了中华人民共和国成立后一系列教育方针与教育改革方向。围绕"教育与生产劳动相结合"方针，当时学校课内设立了"手工劳动""生产常（知）识"，"课外活动""活动课"中格外强调生产劳动、公益劳动。1966—1976年，我们走向了轻"文化知识"、重"体力劳动"的极端化局面。1976年后，我们重申了学校知识教学的重要性，同时强调"兼学"，五七干校、学工、学农、学军等举措都是紧密围绕"教育与生产劳动相结合"主旋律的。重视生产劳动教育不但是自1949年至20世纪七八十年代这段时期综合实践活动课程发展的典型特征，而且成为社会主义教育的典型特征。

  2020年，教育部印发《大中小学劳动教育指导纲要（试行）》，强调劳动教育是新时代党对教育的新要求，是中国特色社会主义教育制度的重要内容，是全面发展教育体系的重要组成部分，是大中小学必须开展的教育活动；明确了劳动教育具有鲜明的思想性，必须将马克思主义劳动观贯彻始终；强调劳动是一切财富、价值的源泉，劳动者是国家的主人，一切劳动和劳动者都应该得到鼓励和尊重；倡导通过诚实劳动创造美好生活、实现人生梦想，反对一切不劳而获、崇尚暴富、贪图享乐的错误思想。

第三节

杜威教育哲学与我国哲学

只有在实践中得到体现的教育理念才更具有历史价值，没有具象的教学改革实践的生动展示，理论只能是灰色的。（裴娣娜，2005）理论构造的努力能否解读众多且零散的日常教育实践运作形式，需要通过研究那些作为教育实践者的个体和群体，探索塑造教育的思想和实践是如何发生和进行的，以把握教育实践中的探索和细节，使日常教育实践获得重新理解。（丁钢，2004）

我国哲学的知行观、实践论等提供了分析综合实践活动的宏观视域，杜威哲学的贡献在于他细致、深入地剖析了"知行相须"的内在逻辑。下一章即将进入"日常教育实践"，步步铺陈综合实践活动实施过程中存在的困难与牵绊、可能的探索与经验。然而在这之前，从要研究的问题出发，对杜威哲学与我国哲学思想进行聚敛与联结，从而开展理论对话，这是非常有必要的。杜威、陶行知、毛泽东三人在历史上均有交集。如陶行知师从杜威，直接受其教育哲学思想影响；毛泽东曾两次听取杜威讲座，他与陶行知同历旧中国反帝反封建的民族民主斗争时期，他称陶行知为"伟大的人民教育家"。他们的教育理论既存在前后关联性，又有所差异。本节的意图一是进一步解析他们的思想之共鸣、观点之差异，二是将相对模糊粗浅的研究经由理论浸润而发酵，以丰富其内涵与意蕴。

一、教师作用

在杜威的经验论哲学中，他一直在强调教育者的作用。他反对无成人指导的活动，认为那样是一种放纵。后来许多声称自己为进步教育者的人忘记了杜威认为教育活动需要细心的教学指导的观点。（Pinar et al., 1995）[102]杜威认为教师应参与选择"教材与方法"并需要在"儿童活动中给予指导"，在以经验为基础的教育中，教师的作用不同于科学家，仅有学问是不够的，教师的任务在于了解学生和教材的相互作用。他认为最好的一种教学，在于牢牢记住学校教材与现实生活两者相互联系的必要性，使学生养成一种态度，习惯于寻找这两方面的接触点和相互的关系。（杜威，1990）[173]杜威指出，新教育的难点不是简单地抛弃教材与规

则,让儿童活动起来,而是如何在儿童的活动中给予指导。(杜威,2013)[23-24]

陶行知在生活教育主张指引下,拓展了传统意义上的"教师"概念,认为万物皆可为师。他认为"社会即学校",一切都减少,校外有经验的农夫,就没有人愿去领教;校内有价值的活动,外人也不得受益。他主张"社会即学校",教育的材料、教育的方法、教育的工具、教育的环境,都可以大大增加,学生、先生也可以更多起来。因为在这样的办法下,不论校内校外的人,都可以做师生。就教师的具体要求而言,他认为"师生共生活、共甘苦为最好的教育"。民主的教师必须要有"(一)虚心;(二)宽容;(三)与学生共甘苦;(四)跟民众学习;(五)跟小孩子学习……肃清形式、先生架子、师生的严格界限"。(周洪宇,2013)[242-243]

毛泽东并没有直接谈及"教师"问题,但是他在阐述辩证唯物主义认识论时用了"能动的实践者"的术语。以他的理论为指引,在综合实践活动中,学生在教师的助推下,成为能动的实践主体,他们有目的地作用于客体的行动就是学习过程。

今天的综合实践活动教学中,哪些人成了综合实践活动"教师"?在学校和社会的场域中,他们是如何发挥作用的?教师的表现如何?他们面临哪些困难?这些问题,都需要在理论视角指引下做具体讨论。

二、内容选择

对于内容选择问题,杜威和陶行知提出的教育主张迥然相异,做法也各有千秋。与他二人相比,毛泽东的理论和做法特色更为鲜明。

杜威认为传统学校的弊病在于教材科目与儿童的生活未能关联,他主张"教育即生活""学校即社会"。他认为正确的做法应该是心理学化,即把各门学科或知识分支的教材恢复到"经验"之中,以能联结儿童经验的"活动"重组学科教材。他的"活动""做中学"等实验主要是在小学阶段开展的。他认为12岁以下的儿童心理特征属于游戏阶段和自由注意阶段,因此在他的实验学校里,通过各种儿童感兴趣的"活动""作业"等方式使实际生活情境重现于校内,他在学校内建造工场,带领学生开展烹饪、缝纫和木工等活动。到了12岁,儿童思维趋于成熟、进入反省思维阶段以后,他主张恢复以系统学科知识为教学内容。

他特别强调了内容选择的难度。他说"详细拟订出适合新教育的各种教材、方法和社会关系,是比传统教育担负的任务更为困难的事情。要想使学校的工作有一个新的方向,就需要经验的理论。这是一个缓慢而艰苦的过程",他甚至认为"指导进步学校时遭遇到的困难以及受到的许多批评根源都在于此"。(杜威,2005b)[251-252]他说,虽然我们希望一切教育机关应该有相应的设置,应该使学生有机会从代表社会重要情境的主动作业中获得观念与认识,但是要所有教育机关都有这种设置,无疑还要经过很长时间。这种情况不应给教师袖手旁观提供借口(杜威,1990)[173],他强调教师在这个过程中的重要作用,学校和教师应为学生发现和提出问题提供"脚手架"。

跟杜威对内容选择、教师和学校的职责的细微分析相比,陶行知的分析视角更宽广。陶行知提倡的生活教育是以社会生活为教育的素材,这与杜威大相径庭。他说:"马路、弄堂、乡村、工厂、店铺、监牢、战场,凡是生活的场所,都是我们教育自己的场所,那么,我们所失掉的是鸟笼,而所得的倒是伟大无比的森林了。"从他的教育实践来看,晓庄师范学校时期,他规定教育内容为"中心小学工作教学做""分任校务教学做""征服自然环境教学做""改造社会环境教学做""学生生活处理"等;山海工学团时期,他明确提出军事能力、生产能力、科学能力、识字能力、运用民权能力和节制生育能力等六大教育内容;育才学校时期,他总结了生活教育的实践经验,进一步提出要把语文、数学、外语、科学方法教给学生。(周洪宇,2013)[223, 296]

他的贡献在于突破了杜威在学校里以"活动"重构教材的做法,主张以广阔的社会生活为内容。陶行知的生活教育理论主张以万物为师,打破了学校的藩篱,带来教育理念和实践的质的飞跃。经由他的生活教育理论的阐述,后来的综合实践活动的面貌被初步勾勒出来,并逐渐形成了今天的样态:教学从教室延伸到校园、家庭、社会,在现代信息技术的支持下还可能跨越时空。传统意义上的"学校"的概念被打破,教学的空间得到延展,教与学的形态都发生了变化。

回到我国课程改革的现实:综合实践活动在课程结构中偏居一隅,从课程内容的选择看远没有杜威实验学校重组学科教材的"活动"那么彻底,同时综合实践活动的表现形式又丰富多样。在这一隅之地,陶行知的生活教育理论发挥了直接指导作用,如今"全世界都是我们的教材"了,热心的实践者把学生从书斋带入现实来"体验"和"感悟"生活。但如今之时代与陶行知所处的时代大有不同,要通过综合实践活动更多地寻求对学生自身智识滋养的意义，而不再是改造乡村。综合实践活动"回归"生活的路径是什么？对这一问题若不予以正面回答，只能置学生于庞杂无序的社会零散情境中，获得支离破碎的，乃至消极的体验，也必将置综合实践活动于进退两难甚至众矢之的的境遇。已有学者提出质疑：否认了学科（人类）的经验，个体经验的探索能走多远？（刘云杉，2019）[9]教学向日常生活世界回归，如何组织？无法组织和操作带来的后果不堪想象。（郭华，2005）

从"学校"教育延展到"生活"教育，如何保证教育应有的品质，保证教育的内涵不被泛化？一百年前杜威所批评的无法称为"经验"的四种"活动"误区是否得到了规避？杜威讲到的"教材"的困难在今天是否依然成为牵绊？破解的路径是什么？这是本研究在后续章节中要通过案例研究进行追踪的问题。

有关内容选择问题，毛泽东用的术语是"实践的领域"，认为其包括物质生产实践、社会政治实践以及科学文化实践。新中国百废待兴，所以他提出，物质生产实践是人类历史的第一个活动，生产物质生产资料和生活资料是最基本的首要的实践活动。（杨信礼，2014）[21]这既具有时代前瞻性，也具有历史必然性。"教育与生产劳动相结合"本身就是社会主义教育的"红色基因"。1949年以后的很长一段时间里，生产劳动教育成为主要内容与形式，如在学校课程极为有限的实践学习科目里，都与生产劳动、生产技术直接相关，生产劳动、公益劳动在课外活动的内容要求里也占有相当大的比重。

2018年9月召开的全国教育大会对劳动教育做出部署，明确要"培养德智体美劳全面发展的社会主义建设者和接班人"。2020年3月印发的《关于全面加强新时代大中小学劳动教育的意见》强调，要培养学生的正确劳动价值观和良好劳动品质。如何根据时代发展要求理解劳动教育？中小学校应以何种形态和方式落实劳动教育？这些问题也是接续毛泽东奠定的劳动教育方针而必须要回答的问题。

三、教学过程

杜威用与"实验"近义的"经验"概念来讨论"知识"与"活动"的关系，提倡"做中学"，反对知行割裂。我国传统哲学以"学"与"习"、"知"与"行"

关系来阐述知行观。陶行知提倡"做学教合一"。毛泽东强调能动的实践对认识的作用。杜威、陶行知、毛泽东三人阐述哲学思想和教育主张所用术语有所不同，从整体来看，他们的阐述既有共同之精髓，又各有侧重。

杜威"做中学"的"做"，与陶行知"做学教合一"的"做"的认识论基础不同，其实质也有所不同。杜威所说的"做"实际是生物个体适应环境的活动。陶行知刚开始对此较为认同，但他的看法随着后来哲学思想的发展变化，具有了辩证唯物主义观点，他说的"做"，主要是指人类的社会生活实践。（周洪宇，2013）[297]他认为从广义的教育观点看，学生与先生并无严格分别，做、学、教是合一的。如种田这件事，是要在田里做的，便须在田里学，在田里教。（陶行知，2013）他提出乡村师范学校的办学宗旨为"造就有农夫身手、科学头脑、改造社会精神的教师"。他"视乡村教育为中国教育的首要任务"，他指出"乡村学校做改造乡村生活的中心，乡村教师做改造乡村生活的灵魂"，"做学教合一"就是与之相适切的方法。（周洪宇，2013）[95]

毛泽东继承和发扬了马克思主义哲学，用"认识"与"实践"来立论，他提出认识的两次飞跃。毛泽东认为是"实践"实现了主体和客体的统一，生产劳动既改变自然环境，也改变人。他认为学习要经历从不知到略知、从略知到深知这样一个由浅入深、由易到难的过程，即在实践过程中从感性认识能动地发展到理性认识，并反过头来指导实践的过程，这一过程与杜威所说的反省思维的五步法"问题、搜集与分析资料、提出或说明暗示（观念）、应用检验、形成结论或判断"实际是相通的，对理解综合实践活动的教学过程有共同的启发意义。

结合综合实践活动教学过程，从杜威、陶行知与毛泽东哲学理论的视角来看，分别需要回答的问题可表述为："活动"如何与"知识"互动，从而上升为"经验"？"做学教合一"如何实现？感性认识如何能动地发展到理性认识，从而指导实践？若再进一步追问：如前所述，综合实践活动之"活动"（"行"）是什么？作为一门课它是否也有"知识"（"知"）要求？综合实践活动之"知"是什么？教学过程何以发生？探析其内在教学机制成为后文的核心议题。

在本章理论基础的促发和问题的牵引之下，第三章开始进入综合实践活动的实证研究部分。结合案例研究，分别就实施过程中的功能定位、教师作用（角色）、内容（主题）选择、教学过程等展开分析。

第三章

综合实践活动的功能定位

我国的综合实践活动具有双重意蕴。作为一门必修课，它与学科课程合璧于课程结构，但在学校中被迅速地"学科化"，继而"边缘化"，本应与学科课程融会贯通，但却互生隔阂甚至断裂。作为一种学习方式，它以"研究性学习"的姿态融入学科课程，但实施效果有赖于学科教师的主动意识与跨学科指导能力。

学校对综合实践活动功能的认识情况不尽相同，这导致综合实践活动的形态具有多样性和复杂性。多数学校对综合实践活动的双重意蕴认定其一，只把它当成一种学习方式融合在学科课程之中，或者只视其为一门开设的课程。有的学校则是兼而有之，两种功能边界模糊，又都是客观存在的。仅把综合实践活动视为一种学习方式，否认它是一门独立课程，违背了我国课程结构调整的初衷，容易使综合实践活动沦陷在分化细密、系统性强的学科课程大潮中；而仅把综合实践活动视为一种课程形态，忽视了它转变学科课程学习方式的功能，则会使综合实践活动课程的发展陷入困境。

第一节

作为一门课程

自2001年起，综合实践活动被正式纳入基础教育课程结构，《义务教育课程方案（2022年版）》强化了综合实践活动作为一门必修课程的重要性，并将其提前至一年级开课，侧重跨学科研究性学习、社会实践等。

作为一门课程的综合实践活动，其现实处境如何呢？

一、"小学科"的现实处境

鸟巢学校是位于北京市城区的一所小学、初中、高中一体化办学的公立学校。学校在2002年就按照国家《基础教育课程改革纲要（试行）》要求开设了综合实践活动课。学校小学部在3—6年级开设综合实践活动课，共54个教学班。配备了5名专任教师负责其中45个班级的授课任务，其余9个班的教师由各班班主任兼任。

对学校小学部主管L校长进行访谈时，她谈起十几年前学校综合实践活动课程的建设情形：

那时候刚提出这个（综合实践活动）学科，要求"开足开齐"，我们就觉得这是个新生事物，既然（国家）有设计，我们隐隐觉得这虽然是个小学科，但能培养学生的创新能力，……我们学校开课在学区里算是比较早的。

可见，在校长眼中，综合实践活动虽是"小学科"，但能助力学生能力发展，因此学校基本配足配齐作为一门"学科"的必要条件：课时、师资、教学资源等。学校里的综合实践活动专任教师Y老师说：

跟别的学校比，我们学校对咱这个学科真算挺重视的，课时、老师，该给的基本都给了……

2019年9月，从教十年的她因为在综合实践活动课中出色的教学能力而被学校任命为"科任学科组"教研组长，统管学校除语文、数学、英语三科之外的所有学科教研工作。在被问到教学实际情况时，她沉默了一会儿说：

我们校长确实是挺支持的，给老师、给课时……，该给的都给了。但是每周一课时对我来说确实不够,还不时地被占,……很怀念我当班主任带综合实践活动那会儿,那是我觉得最舒服的时候,天天跟孩子一起鼓捣。

课时被挤占的情况在鸟巢学校常有发生。以下为研究者访谈四年级教师Z老师时的对话:

研究者:学生参与得积极吗?

Z老师:情况不一样,得看主题,也分班级,有的班主任老师很重视这件事情,也会过问,学生就会比较积极。

研究者:班主任过问吗?支持你吗?

Z老师:有支持的,但班主任情况不一样。现在到期末了,你刚进班,班主任拉着你就说"你这一课别去了啊,我就说你去开会了"。

研究者:他想占你的课时,对吗?

Z老师:嗯。有的老师会隐晦一点,说"这一课你帮我……",我也不好拒绝,那课时就又没了。为啥他们班活动进展慢啊?就跟这个有关系。有的班主任说"我一直想占你这课时,但是孩子太喜欢了,你看你能不能缩短点课时啊"。被占得最严重的那种情况也有,现在是12月了,从9月上课,我开学第一节课上完之后就再也没进去过,班主任直接就占了。最近还好,现在占课时这事儿学校管得严一些了。

研究者:心里特难受吧?

Z老师:嗯。有的班我根本就推不动,于是我也就不愿意管了。

学校教学Z校长这样描述综合实践活动教学可能的困难:

能上综合实践活动课的老师得有能力,而且还要有一定影响力。科任老师在做这件事情时遇到的挑战会更大一些,推的时候很费劲,要想做一件事情,总是要去求助班主任。我还发现科任老师课上得再好,再大力宣传,也达不到影响面,因为班主任就不把他放在眼里。这些班主任认为:你不就是上一些综合实践活动课程吗?你就是科任老师。

二、窄化为"学科"的局限

总体来说,作为一门独立的课程,综合实践活动课程价值得到广泛认可,也日渐蓬勃发展。但由于这门课程本身具有综合性、实践性、生成性,实施过程较为复杂，因此在实施过程中困难重重，课程设置盲目性和随意性较大。从所占的课时比例和所被配给的人力、物力等资源来看，与学科课程相比，综合实践活动在课程结构中地位比较低，"借助综合实践活动的实施，彻底改变课堂教学的面貌和学习方式"这一预想并未实现。它只是打开了一扇"窗"，让学生有机会看到外面沸腾的、生动的世界，但敞开的空间是有限的，难以实现中小学校与现实生活之间真正的融通。从对学科课程的影响而言，尽管它"苔花如米小，也学牡丹开"，但并没有进入学校教育的核心地带，对居于知识权威地位的学科课程的模式与教学方法并没有带来太大改变。

若仅把综合实践活动视为一种学习方式，不作为一门独立课程开设，既违背我国课程政策要求，也容易使综合实践活动轻而易举地就沦陷在学科课程大潮中。但仅把综合实践活动窄化为一门"课程（学科）"，搁浅它转变学科课程学习方式的功能，结局却导致课程发展日渐偏狭，这是综合实践活动所遭遇的进退两难困境。作为一种课程形态，综合实践活动在课程结构中的落地生根恰如一把双刃剑，客观上使得其自身与学科课程之间罅隙渐起。

要解蔽学科教学、实现基础教育育人方式的转变，仅凭偏居一隅的综合实践活动课程的力量是难以实现的。其原因如下。

第一，中小学校现有的管理制度与组织文化难以助力综合实践活动的实施。知识本位的课程观在我国长期居于主宰地位。这一方面促发中小学校普遍建立起以学科课程结构逻辑为基础的科层组织和管理体制；另一方面，在学业质量要求和考试压力之下，考试科目的知识具有不言而喻的重要性，居于知识权威地位。这已成为我国基础教育根深蒂固的传统，短时间内难以扭转。21世纪初，当综合实践活动以一门"必修课程"的身份进入中小学校后，首先被"课程化"（本质为"学科化"），随即被"边缘化"，在部分学校甚至直接被拒之门外。早期课程改革倡导者所勾勒出的，它成为课程结构"另一半"的美好蓝图，实际上徒有虚名。

第二，课程政策的模糊性直接导致综合实践活动实施混乱的局面。21世纪之初，课程改革倡导者试图以"综合实践活动课程"来应对课程内容难、繁、偏、旧，课程结构单一，学生死记硬背、题海战术等诸多弊病。如果仅以丰富课程结构为初衷，综合实践活动不辱使命。但要扭转我国学科教学的课堂教学现状并非朝夕之功，更非偏居一隅的综合实践活动课程力所能及。综合实践活动的功能被夸大了。

然而综合实践活动自身诸多特质对于解蔽学科教学有着无与伦比的优势，因此它被作为国家必修课程出台。但随即出台的《义务教育课程设置实验方案》在课时规定上将它与地方校本课程课时混为一谈，使得刚刚在课程结构中有了一席之地且负重前行的综合实践活动阵脚大乱，直接导致了开课混乱的现象。在国家政策层面，义务教育阶段的这种模糊局面直到2017年教育部颁布《中小学综合实践活动课程指导纲要》才在名义上得以改观。但对综合实践活动功能定位的模糊性，已导致学校对综合实践活动的价值选择各不相同。

第三，课程对教师提出的高要求与现实情况相差悬殊。作为一门单独设立的课程，综合实践活动提倡面向生活，强调实践。它既有独特的知识要求，又带来教学场域和教学形态等诸多变化。教师不仅要组织和实施教学，还要开发和选择课程内容；不仅要有所"知"，更要善于"用"，要在对学生的言传身教中促成"活动"与"知识"的联结。然而，多从学科课程转行或兼任的综合实践活动教师并不自然地具备相应的知识要求，有的甚至缺乏对综合实践活动理念的认识和情感上的认同。多重碾压导致教学过程步履维艰。理论上的"知行相须"多表现为浅尝辄止或误区丛生。

第二节

作为一种学习方式

2001年教育部印发的《普通高中"研究性学习"实施指南（试行）》指出："受传统学科教学目标、内容、时间和教学方式的局限，在学科教学中普遍地实施研究性学习尚有一定的困难。因此，将研究性学习作为一项特别设立的教学活动作为必修课纳入《全日制普通高级中学课程计划（试验修订稿）》。"该政策文本阐释了研究性学习的双重功能：作为课程形态，它是综合实践活动的一部分；作为学习方式，它是与接受式学习相对的一个概念。正是由于研究性学习的双重功能，综合实践活动兼具了"学习方式"的教育意蕴。

一、"搞活动"难施行

天坛小学有学生2000余名，教职工近200人，学校目前一校三址办学。在这所学校，综合实践活动经过了多个阶段的发展。

随着2008年北京市中小学生社会大课堂建设工程[1]启动，学校组织科任教师团队带领学生利用周边资源开展实践活动。该校Z校长接受访谈时介绍了这一段历史：

市里社会大课堂轰轰烈烈地开展，我们周边也有很多资源，例如天坛、园林局、龙潭公园等。

在2010年12月，天坛小学决定走国家级综合实践活动课程校本化实施的途径，组织了一支以科任教师为主的前行军，试图编写一套适合本校学生的综合实践活动课程教材。但实施的效果并不尽如人意：

没真正实施起来，问题太多了，没法全面普及。科任老师需要班主任支持，

---

[1] 北京市中小学生社会大课堂是教育行政部门联合本市各有关部门以及行业管理机构，整合利用北京市丰富的人文、自然资源，通过提供免费或优惠的场所条件、安全的活动环境、相适应的教育教学内容，为学校集体组织和学生个人开展丰富多彩的课外、校外活动，开展研究性学习、社区服务、社会实践以及组织学科教学活动等创造条件。

出去实践活动需要经费支持。

无论是组织学生开展校外实践活动,还是在学校的三个特色基地开实践课的探索,最终都因组织和实施过程中的诸多困难而不得不以失败告终。根本原因何在？Z校长对此的看法是：

无论怎么弄,感觉似乎都和我们的学科教学、和学校教育的主渠道是分隔开的,是两件事情。这是最根本的原因。

无论是校内还是校外的"活动",都属于综合实践活动中的"社会实践活动",而并未涉及"跨学科研究性学习",未能触及学校教学的核心内容,并没有与学校课程发生关联,未能实现促进学生综合运用多种学科知识解决生活问题的初衷,参与教师难以从"社会实践活动"中看到对教学的直接益处。

二、作为学习方式的可能性

Z校长并未放弃对综合实践活动路径的探索：

我亲自上过两年的数学实践课,只有把综合实践理念带入学科,它才能真正去发酵和起作用。没有绝对的一个完全是学科、一个完全是综合实践。而应该是你中有我,我中有你,它们应该是融合的,这是我理想的状态。现在还有差距,但我相信能实现。如果老师都能自觉运用这门课的理念,那么我们肯定会有课堂教学的后劲,一定会影响我们的学习方式。

经过对周边资源的考察和学校办学理念的分析,学校统一确定各年级的综合实践活动主题。学校要求教科研室主任和各年级组长牵头研制各主题实施纲要,由班主任和学生根据年级主题选择具体班级课题和学生小组课题。

学校调整了原有的组织结构,将学科组改为年级组制度,促成学校综合实践活动与学科课程的融合。这并不是一条轻松平坦的道路,Z校长曾用"褪皮"形容这一过程：

要综合,人得先综合起来。从管理上必须得给捋顺了,就得让班主任牵这个头,带动各学科都行动起来。学校规定每位班主任老师都兼任起本班的综合实践活动教师,要让老师先看到从自己的学科中走出来的各种可能性,看到教学的多种样态,看到学生在综合实践活动中可能的变化和进步。

主题实践活动以年级为单位开展，打破了原有的学科模式，Z校长介绍道：

借着促进综合实践活动课程建设的契机，干脆就打破了这个学科界限。原来语、数是一个组，剩下的科任分成两个大组，今年是把科任给打散，融到了年级组当中，年级组长改成年级主任。每个年级有3个行政负责人，减少管理层级。管理顺畅了，就能促进课程建设的深入推进。

第三节

双重教育意蕴

我国综合实践活动具有丰富课程结构和转变学习方式的双重教育意蕴。作为一种课程形态，综合实践活动一是与学科课程并列设置，合璧于课程结构，以完善课程结构为价值取向；二是发挥转变学习方式的功能，以改变重在知识传授的、僵化呆板的课堂教学现状为目的。作为学习方式，它以"研究性学习"为核心呈现出多种形态，嫁接于学科课程，以改变学科课程过于注重知识传授的问题为导向。

综合实践活动的双重功能是客观存在的，但由于人们对其认识不尽相同，这一双重功能在学校中呈现出多样性和复杂性：有的学校仅认定其一，有的学校二者兼而有之，且混杂在一起，难以截然分开。仅把综合实践活动视为一种学习方式，否认它是一门独立课程，违背了我国课程结构调整的初衷，容易使综合实践活动沦陷在分化细密、系统性强的学科课程大潮中；而仅把综合实践活动视为一种课程形态，忽视了它转变学科课程学习方式的功能，则会使综合实践活动课程的发展陷入困境。

作为一门独立的课程，综合实践活动被"学科化"存在于课程结构中。课程价值得到认可，课程也获得初步发展，但未进入学校课程的核心地带，对学科教学并无太大影响，甚至处于"边缘化"险境，它与学科课程之间缺乏融合，常常是貌合神离，甚至渐行渐远。作为学习方式的"研究性学习"以多种形态嫁接于学科课程，获得了蓬勃发展，与学科课程呈现相互融合之端倪。但目前看来，实施水平参差不齐，要倚仗学科教师自觉实现理念与教学方式的转变。

只有综合实践活动与学科课程双向融合，才能实现育人方式的转变。事实上，在学校的课程结构中，这两种功能都是客观存在的，都在发挥着积极的作用。

对综合实践活动和学科课程的认识常常陷入一种二元分离的误区，如认为综合实践活动更强调学生直接经验，以探究性学习（研究性学习）为主；学科课程更强调学生的间接经验，以接受性学习为主。这种执念的背后，既掺杂着人们对学科课程过于注重知识传递、学习方式过于机械死板等现状的无奈，又饱含着对综合实践活动"体验""做中学"等"先进"教学方式和唤起学生主体经验等的美好期望，但是学科课程在侧重知识传授的同时如何能不凝固僵硬？实践性课程在注重学生经验的同时如何能不零散浅薄？两者之间的关系如何平衡，以促进学生主动学习和全面发展？两类课程实际上既各有差异、各有优势，同时也各有其难、各有其缺。非但不能全然割裂、走向分化，而且应当互动互通、走向融合。基于对综合实践活动双重功能的认识，研究者绘制了综合实践活动与学科课程的关系图，如图3.1所示。

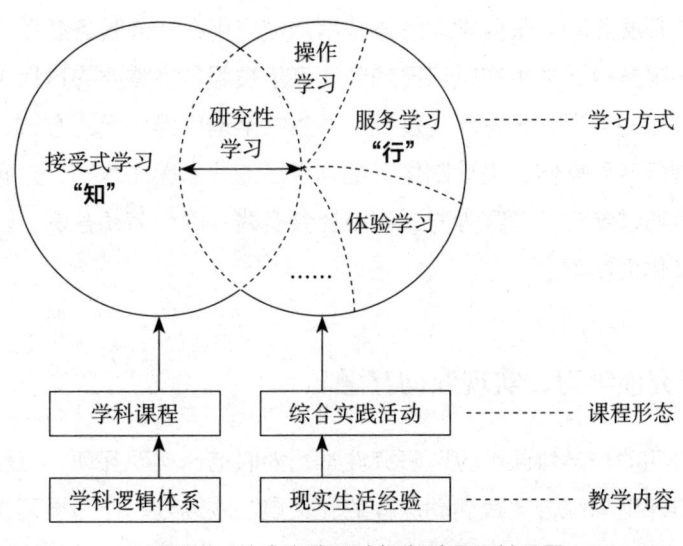

图3.1 综合实践活动与学科课程关系图

一、作为课程，与学科课程各有侧重

第一，课程内容各有侧重。综合实践活动是生活本位的课程，多以现实生活经验为线索组织课程内容。学科课程有相对稳定的学科逻辑结构和逻辑顺序，强调系统传授基本原理和基本概念。

第二，学习方式各有侧重。综合实践活动侧重"行"，以研究性学习、服务学习、操作学习、体验学习等方式开展[1]；同时不排斥"知"，要以包括学科知识

---

[1] 对综合实践活动方式的划分是相对的，各种方式之间常常彼此渗透，整合实施。图3.1中仅为示意清晰，而将各种方式单独列出。特此说明。

在内的跨学科知识为基础，开展基于问题（项目、主题）的跨学科学习等。学科课程侧重"知"，以接受式学习（又称"继承性学习"）为主，也可以沿用研究性学习（探究性学习）的方式开展探究。班级授课是学科课程教学的基础形式，以教师讲、学生听的接受式学习方式为主。两者之间并非"知""行"对立，只是各有侧重，都应走向"知行相须"。

综合实践活动中的"行（活动）"具体表现为：在考察探究活动中，学生在教师指导下，从自然、社会和学生自身生活中选择和确定主题，遵循和运用研究性学习的方式开展活动。服务学习的方式常常被应用在社会服务活动中，例如公益劳动、志愿服务等，学生在以自己的劳动满足被服务者需要的过程中，促进服务相关知识技能的学习，获得自身发展。学生常常运用操作学习方式，运用各种工具、工艺进行劳动操作、设计制作，提高自己的技术操作水平。在研学旅行等活动中，学生通过参观、考察等方式亲历社会实践，深化劳动意识、社会规则、国家认同、文化自信等。

二、基于研究性学习，实现双向互融

综合实践活动与学科课程应以研究性学习为联结，实现互动、互融。研究性学习成为学科课程与综合实践活动课程的交叉点与联结处。作为学习方式，研究性学习是与接受式学习相对的一个概念，可以渗透进所有学科的学习中。（张华等，2009）[4]它与"探究性学习"是同义词，应当贯穿于综合实践活动和学科课程中。2001年教育部《普通高中"研究性学习"实施指南（试行）》的通知（教基〔2001〕6号）指出：由于在各学科中普遍开展研究性学习具有一定困难，"将研究性学习作为一项特别设立的教学活动作为必修课纳入《全日制普通高级中学课程计划（试验修订稿）》"。由此阐明了研究性学习的"特殊性"，即作为必修课，它成为课程。正如学者张华指出的，研究性学习作为一个崭新的课程领域，担负着改造学生学习方式的重任。作为课程，研究性学习是综合实践活动的一部分。正是由于"研究性学习"既是一门"课程"又是一种"学习方式"，使得综合实践活动除了是门"课程"，还有了"学习方式"的价值取向。

1. 以学科课程为本，接"研究性学习"之魂

天坛小学将综合实践活动作为一种"学习方式"，其用意即在改变学科课程教学方式，实现育人方式的转变。这是具有前瞻性的。学科课程以"知"为切入点，但是"探究""体验"不可偏废，若"泡不开""融不化"人类智力知识，必将落入杜威所言"食而不化的'知识'贻害世界"之境地。林砺儒在1946年写下的《漫谈课外活动的指导》中指出："学生因课内受课，死气沉沉，感到窒息，感到苦闷，感到单调，而得不到生活乐趣，便难怪他们走向课外求得活动活动脑筋，吸点新鲜自由空气。这病根当然是教学不良，剥夺了学习活动的机会，和生活脱节，……学生每天按时受课，就是精力天天被抽剥，抽得筋疲力竭，而始终不知道为的是什么，只有照章完课。幸亏还有课外，这好比一个无税的自由港，在那里还可以自由做自己心爱的工作。这也还是罪在教育不良。倘若课内不是学生的重荷，而真正成为他们有意义有价值的学习活动的话，学生决不会争向课外走私偷税。"（北京师范大学校史研究室，1994）[430]

学科课程要打开"研究性学习"之门，即学科的实践取向、综合取向之门，如学科教师在教学中强调把握学科本质，强调联系实际生活，以及学科知识的运用等。情境教育倡导者李吉林老师分析了低年级学生"一般学校里每日必修的两堂语文课仅仅是单调的汉语拼音字母教学"这一弊端，决定优化教学结构，从原来的教学方式改为针对语文教学三要素"识字、阅读、作文"三线并进，在不增加课时的情况下，重新设计了"富有教育性的任务"，这是基于对学科本质的把握。（李吉林，1997）她在探究儿童习作的过程中，基于"意境说"，把学生带出校园，走向周围世界，优选适合孩子的典型场景，这是强调学科联系实际生活和学科知识运用的做法。（李吉林，2017）

2. 引导综合实践活动课程与学科课程主动融合

综合实践活动以实践性学习为主要方式，同时不排除知识学习（接受式学习）。实践性学习方式包括研究性学习、服务学习、操作学习等。

综合实践活动要以包括学科课程知识在内的跨学科知识为基础，它并不排斥知识学习（接受式学习）。综合实践活动中的知识学习，更强调基于问题（项目、主题）的跨学科知识学习、主动学习等，以促进"知识"与"活动"互动，实现知识的重组、转化与迁移为主要目的。

学科课程以接受式学习（又称"继承性学习"）为主，也可以沿用研究性学习（探究性学习）的方式开展探究，强调学生对来自教师和教科书的结论和答案的理解与接收。这种方式能够在短时间内传递丰富的知识信息，在学校里发挥着非常重要的作用。

尽管仅靠综合实践活动课程无法解蔽学科课程，但综合实践活动作为"课程形态"的功能是客观存在的。问卷调查数据显示，超过60%的学校像鸟巢学校这样已经单独开设综合实践活动课程。由于目前各学科普遍开展研究性学习困难依然存在，因此学校和教师要主动引导学生在综合实践活动中运用学科知识解决现实问题。探求现有综合实践活动与学科课程的对话，实现二者的融合互动，才是稳妥良策。

概言之，应采取所谓"开门不关窗"的策略：一方面，广开学科课程"研究性学习"之门，引清风登堂入室；另一方面，已开综合实践活动课的学校并不掩蔽"学科"之"窗"，经由这扇窗自然地、渐进地把门打开。这两个过程均不可偏废。

第四章

综合实践活动的教师角色

综合实践活动教师是个广义概念，既包括专任教师、各学科教师等校内教职工，也包括家长、校外活动场所指导教师、社区人才资源等社会力量。综合实践活动强调生活本位，面向"现实生活"选题，而解决现实问题所需知识是综合的、庞杂的，常常超越分科的、既定的学科课程知识内容。教师常需要具备和展示出多项技能，例如能娴熟地将多种相关知识进行整合，能观照儿童的实际经验并做出即时反馈。

缺乏经验的教师对此常常束手无策。多从学科教师转行而来的综合实践活动教师首先不得不从"学科知识权威"角色中走出来。教师对综合实践的"知识"要求并不全然通晓，他们不仅需要在课堂上"言传"，还要在活动中"身教"，要参与和指导学生的实践过程，这对他们来说充满了挑战。于是教师连同学生一起，被面向生活、注重实践的综合实践活动逼到了墙角。如果说学生是期待的、欢愉的、主动的，那么教师呢？

第一节

教师的苦衷

我国现有教师职前培养以分科教育为主，课程体系侧重单一学科知识结构的纵深发展，缺乏综合性，我国的课程结构不仅以分科为基本特征，而且相当极端，不同学科各自为战甚至画地为牢。（丛立新，2000）[198]在以学科课程为主的学校里，教师均为"术业有专攻"的分科教师。长期以来中小学教师"被描述为一种孤独的职业"，历来习惯于"单干"，几乎都是在相对孤立的状态下开展教学工作的。（李海萍，2007）这种根深蒂固的学科课程思维模式很自然地迁移到已经被"学科化"的综合实践活动课中。

承担学校综合实践活动课教学任务的是谁？他们在学校里的其他身份是什么？他们面临的实际困难有哪些？背后的原因是什么？"好"的教师具有哪些表现？他们是如何做到的？带着这些问题，研究者以鸟巢学校和天坛小学为案例，结合北京市综合实践活动教师问卷调查数据，以及对部分教师、教研员的访谈数据，开展综合分析。

一、专任教师：多班授课任务重、地位弱

鸟巢学校小学部在3—6年级开设综合实践活动课，每周1课时，共配备5名专任教师。中学部在初一、高一每周安排1课时的研究性学习课，共有2名教师。对小学部主管L校长进行访谈时，她对十几年前学校进行课程建设时的情形津津乐道：

刚开始就Y老师一个人，后来Z、M老师陆续进入，Y老师带着他们，现在有些非专业的老师，但课时还是开齐的。

谈到当年调任Y教师任综合实践活动课专任教师的情况时，她说：

Y老师是个好老师，研究力强、有潜质，当年把她从语文教师、班主任的岗位转过来安排在这个学科真是忍痛割爱，不过她也真是带动了这个学科的发展。

在学校课程与教学安排中，一直存在课时之争、主科与副科之争。在小学，语文、数学、英语显然是主科，除这三科外的其他学科一般被统称为"科任学科"。在这所学校，综合实践活动属于"科任学科"。2019年9月，Y老师因能力

和教学业绩突出而被任命为小学部的"科任学科"负责人。

研究者向Y老师进一步了解小学部的综合实践活动课师资配置情况,她说:

共有7名教师,其中五年级有4个班是英语教研组长兼课,我教其余10个班,其他年级都是专任教师。

表4.1清晰地列出了学校综合实践活动课师资配置的具体情况。

表4.1 鸟巢学校综合实践活动课师资配置情况表

年级	班级数	专任教师	其他情况
三年级	16	L老师,教16个班	
四年级	14	Z老师,教14个班	
五年级	14	Y老师(兼科任学科组长),教10个班	D老师(兼英语教研组长),教4个班
六年级	14	M老师,教14个班	
初一	6	Q老师,教6个班	
高一	10	X老师,教10个班	

6位专任教师在学校里相对稳定地从事教学工作,有着较为明晰的专业发展方向。访谈该区教研员G老师时,她谈道:

学校给这一部分专任老师赋权,给他们课时和同样的发展机会,老师有了条件,如果能很认真地安下心来研究教学,好好练内功,其实是可以把这门课教好的。

那么,这些教师面临着哪些实际的困难呢?

(一)课堂分组指导难

鸟巢学校里的7名教师人均授课的班级数约为11。其中承担综合实践教学任务最少的是D老师(英语教研组长),教4个班,最多的是三年级L老师,教16个班。

综合实践活动以主题活动为载体,一个主题活动通常需要经历较长的实践周期。在鸟巢学校,Y老师告诉研究者:

基本一个学期只做一个主题。新老师和兼职老师可能会做得多点,但一学期不超过两个。

给多个班级授课甚至跨年级授课时，常出现的一种情况是各班活动进程各不相同，如四年级的Z老师谈道：

大多数班一个学期可以结束一个主题，但是经常会有各种情况，如上学期别的班都已经结题汇报了，有一个班的研究过程就非常慢，需要更多的时间去让他们解决研究中的困难。

学生开展综合实践活动时通常还会分解主题，以小组形式开展活动。这对已经多班授课的教师来说工作量加倍增长。教师常常遇到两个难题。第一是分组难。由于多班授课、每周课时有限，教师很难在短时间内熟悉学生情况，也就很难根据学生情况进行分组。例如Z老师说：

我觉得最难的就是分组，因为我们不了解每个学生，不太清楚每个学生的特质，可能存在一个组特别强，有一些小组特别弱这种情况，后续（活动）也就不太好办。

第二是指导难。由于班级、课题小组数量众多，难以针对学生各组研究主题进行具体深入的指导，活动整体的质量难以保障。中学部初一任课教师Q老师坦言：

我初一6个班，一个班分8个课题组，各组选题都不太一样，一共48个组，一节课就45分钟，我真的只能从整体上往前推进……

（二）课余跟进指导难

综合实践活动中，学生常常需要走出教室，在学校、社区、自然中开展考察、实验、访谈等各种活动。大量的活动需要在课余时间完成。但实际上由于班额众多、小组众多，作为"科任教师"的综合实践活动教师难以跟进学生并给予具体指导。例如L老师谈道：

下课（指导）够呛了，我肯定没办法主动挨个班去溜达，只能是对于那些积极主动找我的小孩，就给他重点指导一下。（研究者问：来找的多吗？）有时候一个班也没有一个，偶尔有这样的我就特别惊喜，我会好好表扬他，还得找班主任也表扬一下。

承担初一6个班教学任务的Q老师说到了她的实际困难：

一个组我可以跟他对接一个半小时、两个小时都没问题，这么多组，我一个人真是人手不够……

为了了解像Y这样任教10个班的综合实践活动专任教师的课余实际工作投入量，研究者请Y老师以正在带领五年级开展的主题活动"我眼中的节气"中的两个环节为例说明课余时间的投入，活动记录如表4.2所示。

表4.2 师生课余活动记录表

第二课时"资料查询"师生课余活动记录
（一）学生 分8个组利用课下时间完成资料查询，并进行简单整理。 （二）教师 1. 阅读学生资料来源书籍、网站信息，对不准确的资料进行甄别。 2. 批阅学生的资料汇总表，找出其中的问题，给予学生文字评价。（每40份需要50—60分钟。） 3. 复备。根据学生所查找的资料，进行游戏卡片的制作。（写复备大概需要30分钟，挑选做卡片的内容大概需要35分钟。） 4. 布置教室环境，将卡片粘贴在前后黑板、教室单面墙上。挪动桌椅空间，保证学生抢卡片游戏时的活动安全。（一个班15分钟左右，连排课就需要学生帮助整理下一个班的道具。）
第三课时"节气观察"师生课余活动记录
（一）学生 在本组研究的节气内完成3—5次不等的观察记录。 （二）教师 1. 进行校园内植物观察。 2. 进行观察记录的批阅，与观察记录做得较好的学生沟通，鼓励其在班级中进行交流。与课下完成活动动力不足的学生沟通，鼓励其尽量尝试完成。（每个学生的观察记录需要批复4—6分钟。由于节气主题选择不同，每一时间段需要批阅的记录数量也不同。但年级共有564人，每人有至少3次观察记录。）

并非所有的教师都能像Y老师这样"课余时间基本都给孩子们了，……因为真的觉得孩子们挺好的"，能够或愿意把课余时间都"无私"投入在学生身上。如果学校没有相应的制度保障则更难。

访谈中一位区教研员坦言：

专任老师一人带十几个班，只能是带着学生大踏步地走，把几个大的环节跟住了。那些涌现出来的好的活动，往往是从这么多班里切出一个最好的班来，甚至切出几个组来重点指导。这没办法，只能是这样。

值得注意的是，上述访谈都是针对学校的专任教师而不是兼职教师进行的。针对北京市中小学综合实践活动课程实施现状的调查数据显示，在参与调研的

958名教师所在的学校中，有15.24%的学校全部是专任教师，有45.82%的学校是专兼职结合（至少有1名专任教师），有38.94%的学校全部为兼职教师。兼职教师本身还兼任其他学科的教学或其他任务，他们指导学生活动的态度和能力更是参差不齐。兼职教师人数众多，所学学科分散，在市、区两级的教学研修活动中根本难以覆盖。问卷调查数据显示，超过六成的学校少有综合实践活动课教研活动，兼职教师的培训实际无法得到落实。

二、兼职教师："不会弄""没时间""不愿意"

在天坛小学，自2018年开始，随着学校在各年级设立研究主题做法的全面推开，实施的主导者由综合实践专任教师完全过渡为全校班主任。班主任兼教综合实践活动课程，具有显而易见的优势。

Z校长说：

学生也看人下菜碟儿，要是班主任布置一件事情他就会很认真地对待。只有班主任团队真正行动起来，这个事才能铺开。

该校所在的区教研员Z老师指出：

班主任可以调动家长资源和学生，时时刻刻会跟进他们，这一点是科任教师根本做不到的。

五年级某班班主任S老师谈到了自己的感受：

跟科任老师比，我觉得我的优势在于更了解孩子，相对来说上手就很快。

学校开展综合实践活动的另外一个做法是以固定的少先队小队成员作为实践活动的分组方式。学校主管德育工作的副校长Z老师介绍说：

我们都是以少先队小队作为一个综合实践活动小组，住得近的孩子是一个小队，搞活动方便。小队课程已经很多年了，现在很自然地用到综合实践活动课里，多少年了学校都是这么搞的，班主任可不一定都跟着。这省去了班主任大量时间，化整为零，解决了在北京很现实的问题：安全问题、经费投入问题、租车问题。家长会全员参与，还能促进亲子关系。

家长资源也被有效地调动起来。这从五年级教研组长J老师的话里也得到印证：

多数家长非常乐意支持和参与孩子的这种活动，我的感觉就是老师和家长你搭一个木头、我搭一个木头，配合得好了，孩子才能接着往上走。

天坛小学形成了班主任课上集中指导、以少先队小队为分组方式、家长课余参与的协同机制。班主任有着诸多的优势条件，那么他们又面临哪些困难，处境如何呢？

（一）"不会弄"

六年级的班主任C老师说：

学校这活动挺好，就是把人逼到旮旯儿[1]了，触及自己很难的地方，觉得自己被拱在那儿了，不专业，自身积淀不够。底儿的东西不够，掉出来的也不够。要是让我带除"京味儿文化"之外的主题我都心虚。

C老师是北京人，2019年11月她带着自己班学生研究"京味儿语言"主题时把学校的育人理念"做自己，想他人"用北京话"靠谱、局气"给表达了出来，还设计成了学校的文化衫。在这前后，研究者听过C老师试讲、课后说课，并对她有过两次正式的访谈和多次非正式沟通。

同为六年级班主任的G老师谈到了自己的具体困难：

没有正经接触过，什么都不知道。刚开始自己提出的问题都特别傻，比如这一节课都要干什么，怎么进行访谈、问卷，我都不太清楚怎么能辅导孩子呢！研究的方法我都是不摸门的，根本不会！开始的过程是特别痛苦的，因为找资料也找不到，自己能力有限，到底什么叫综合实践，怎么育人，怎么去锻炼学生的能力，探究的过程是什么样子的，前两个月特别困难。

（二）"没时间"

访谈中W老师坦诚地说：

教着语文、当着班主任还教这个综合实践活动课，有点忙不过来，这个也要成绩，那个也要成绩，我不可能全都抓起来。从查找资料上来说，上这门课需要查找多少东西啊，课下得花多少功夫啊！精力和时间真的是有限。

该区教研员如是分析道：

---

[1] "旮旯儿"为北京话，按照《现代汉语词典（第7版）》中的解释，是"狭窄偏僻的地方"或"角落"的意思。

班主任可不可以做？可以做，而且他们可能会做得挺好的。但在这个过程中，能渗透给学生多少思想方法？不好说。因为很多时候是家长和学生一起来干的。没有责任心的班主任可能就是一个发布任务和收作业的人，这是班主任课的一个普遍问题。他们显得没有那么多精力，更没有那么多的时间，去踏踏实实跟着学生，循序渐进地把这个活动走完。班主任首先得愿意，得喜欢，不排斥，不应付。然后就是投入上舍得真下功夫。最后，他们要理解这门课到底跟语、数、英不同在哪儿，我觉得这可能不容易。

（三）"不愿意"

当了20多年语文教师和班主任的G老师这样说道：

一开始比较抵触，我毕竟是语文老师，这个学科跟语文没有那么多关系，另外还有那么多年轻老师，觉得自己的年龄到这儿了，抵触、恐惧，又怕丢脸，自己这么大岁数又怕面子过不去。

她的话道出了很多兼职教师的心声：因为看不到执教综合实践活动对语文教学的直接益处，所以存在抵触情绪是必然的，何况本身做起来难度非常大。

天坛小学所在区的教研员Z老师对此也做出自己的分析：

班主任有开展综合实践活动的有利条件，但是未必会有这样一种意愿。这点跟专任教师是很不一样的，除非是有外部的力量要求，比如天坛小学这样，要求你必须要做这件事情。

在小学，由班主任兼任综合实践活动教师的情况相对于中学更为常见。个中原因，除了班主任兼课存在前述诸多有利条件，还有一个重要的原因是给班主任"补课时"。在访谈北京市两位区级小学综合实践活动教研员时，他们都曾直接谈道：

班主任多教语文或者数学，他们的周课时不够，都需要拿科任学科来补，这个很常见。通常被补的就是综合实践活动、道德与法治等学科。

当问及班主任是否会参加区综合实践活动教研时，其中一位教研员坦言：

只有极少数班主任会参加。因为老师一周只能有半天时间出来教研，就算时间上能错开，但是精力上是冲突的。

访谈鸟巢学校高一五班的S同学时，他说：

我这次研究性学习选的课题来自生物学课上没解决的问题。我比较喜欢生物学和化学，但学了后基本没机会做实验，书上就是那么一句话，将组织培养、接种，那形成的组织到底长什么样？怎么配置酶解液？全都不在书上，我就想看看它实际应用到底是什么情况，但是这个问题也不是考试重点，老师也不会展开讲。

专任教师也好，兼职教师也罢，他们中的大多数人，正像C老师所说的那样，被这门理念新、要求高、任务重的综合实践活动课，逼到了旮旯儿。

第二节

为何这么难

综合实践活动课要求教师角色发生转变，转变的过程对教师来说无疑是困难的，他们大多还缺乏相应的知识准备。与综合实践活动相适切的开放的、合作的学校文化和管理制度并不全然具备，这也成为教师的羁绊。

一、教师：角色转变的四重困境

综合实践活动课中，教师不是"教"学生，而是"指导"学生动手实践和亲历活动。教师被推到综合实践活动课中，如同一个还没准备好但却不得不登场的演员。

（一）难以转换为"学习者"角色

天坛小学的J老师上完"竹与生活"主题活动课后跟研究者交谈时，倾诉了她的苦衷：

在语文上，我觉得我是一个长辈；在综合实践活动课里，我觉得我是一个平辈，跟孩子一样是同行的。这一度让我非常纠结，我很难适应。像"竹编"这个小组，孩子想让我编，可我不会，我真的挺费劲的。孩子跟我说的时候，我就跟听天书一样；孩子教了我三遍，我都不好意思说我还没学会。

要想应对综合实践活动的挑战，教师就不得不实现自我角色转换，他们需要放下身段，跟学生一样，在活动中成为一名"学习者"。对那些渴望在综合实践活动上实现专业发展的教师来说，他们对此的意愿和情感理应更主动、更诚挚、更坦然。而对思维模式固化、难以改变自我的教师来说，这个过程可能是不情愿的、抵触的、消极应付的。

（二）难以突破学科知识权威的角色

天坛小学的J老师结合例子谈到了在综合实践活动中找到自己熟悉的语文学科"舒适区"的情感共鸣：

比如"竹轿"小组，我对这个组这么有感触，或者说有这么深的感情，就是因为它跟我的语文学科结合起来是最贴合的，是最让我觉得舒适的一个小组，我觉得从情感上我就有名分了。

天坛小学的S老师这样比较她在语文课和综合实践活动课上的感受：

在语文课上老师自然地带有一种权威性，我就是知识的权威，我自然地运用这种权威带着学生走。那种感觉有点像我们希望有一个标准的答案，孩子沿着我画好的线走，我知道那个终点、那个答案。但是在综合实践活动课里，这个知识的权威没有了，路径也是模糊的，谁也不知道前头是什么。

如访谈中这两位老师所谈到的，在传统的学科教学课堂中，教师主要承担的是知识传递者的角色。而综合实践活动面向"现实生活"选题，现实生活的问题往往更具复杂性与综合性，已远远超越了学科知识体系，卷入其中的综合实践活动教师不得不从"学科知识权威"的角色中走出来。新的主题内容对教师来说可能同样是陌生的、缺乏知识优势的，对此无法适应的教师常常感到失控、焦虑。

（三）难以从课堂讲授转变为参与指导

鸟巢学校的兼职教师D老师表达出对综合实践活动教学的畏难情绪：

如果对比我的英语课，备好教材上课的时候，每节课孩子什么样我心里是有数的，可以有针对性地进行指导，深挖一些内容。但是这门课孩子找来了很多材料，专任教师会知道哪些更适合汇报，怎么给孩子，哪些可以放到课下交流，而我就不太会，课下他们的活动也很费时间，很为难。

天坛小学的L老师说：

不同的组选这么多主题，这个组研究竹笋，那个组研究竹纤维，……课下他们研究你又不能不管，但是这个过程又要求很细致，你不跟着也不行，整个过程非常跳脱，让我觉得力不从心。

在整个活动过程中，教师需要跟学生一道，面对各种不确定性，这与在学科课程中既定的、稳定的课程内容差异明显。综合实践活动是学生在教师指导下自主学习和实践的过程。学生是综合实践活动的参与者，教师既不能以讲解为主、越俎代庖，也不能完全放手，而是应该发挥学生的主体作用，并给予必要的、有针对性的指导。

（四）难以具备综合实践活动相关知识

在综合实践活动中，教师应该给学生以适当的、积极的援助，这种援助并不比传统分科教学指导来得容易，而要求教师应当具备适应这种教学方式的若干基本能力。（李芒，2002）教师要指导学生去开展动手实践和亲历研究，就需要了解活动的常用方式方法。多从学科教师"半路出家"的综合实践活动教师，是被从自己谙熟的学科知识体系中生生拉到了"面向生活""注重研究""开放生成"的综合实践活动课跟前，无论是跟主题背景相关的陈述性知识，还是跟"活动"过程与方法有关的程序性知识，他们跟学生一样，可能是"断层"的。因此面对如何开展综合实践活动和使用各种研究方法，教师如同"秀才遇到兵"。例如天坛小学的G老师说：

不光孩子对于综合实践活动这种学习方式没有可借鉴的，包括老师也是一样不摸门。

他们不知所措，甚至捉襟见肘。访谈中L老师这样说：

背景知识可以随着学习而弥补，并且在活动过程中老师的知识也是被深化的，但是一些程序性知识，比如活动里面涉及设计制作的这些要素，我觉得老师要在这个活动开始的时候就很清楚，他才能指导学生，才能在最后引起学生对设计制作程序方法的一种反思。如果老师的思想方法知识不够，那就很难把活动做到比较好的状态了。

鸟巢学校所在区的教研员G老师认为：

为了把活动做好，教师需要先行学习获取一些跟主题有关的知识，然后引导学生去看，这是他做的前期必要准备，但是这部分并不是他擅长的，这就是综合实践活动很难的一个地方。教师想做这个事情就需要重新武装自己。

问卷调查数据证实了相似的结论（见图4.1）。当被问及最迫切希望的培训内容时，有43.53%的教师选择了"综合实践活动的方法指导"，30.90%的教师选择了"优秀活动案例或课例"，13.88%的教师选择了"实施中的常见问题分析"，9.39%的教师选择了"课程理念"。这反映出教师在实施综合实践活动中的困难。无论针对课程理念、课程内容的设计，还是教学中的技能方法，他们都存在疑惑，需要培训。

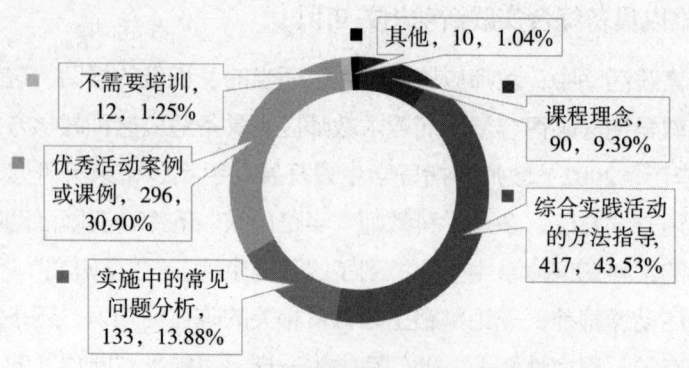

图4.1 教师希望获得的培训内容

- 其他，10，1.04%
- 课程理念，90，9.39%
- 综合实践活动的方法指导，417，43.53%
- 实施中的常见问题分析，133，13.88%
- 优秀活动案例或课例，296，30.90%
- 不需要培训，12，1.25%

二、学校：教学支持系统的牵绊

综合实践活动打破了传统的"教师、教材、教室"中心，教与学的形态发生了变化，需要学校具有开放办教育的心态，建立促进教师间合作的文化，提供与开放的课程配套的管理制度等。然而学校既有的教学支持系统多为以学科结构为逻辑的科层体制管理方式，还难以与综合实践活动课程要求相匹配，这也成为教师教学中的制约因素。

（一）学校教研组活动乏力，教师缺乏协作团队

问卷调查数据（见图4.2）显示：有41.23%的学校经常开展综合实践活动课教研活动，34.13%的学校偶尔开展，17.54%的学校没有成立教研组，7.10%的学校不怎么开展教研活动。

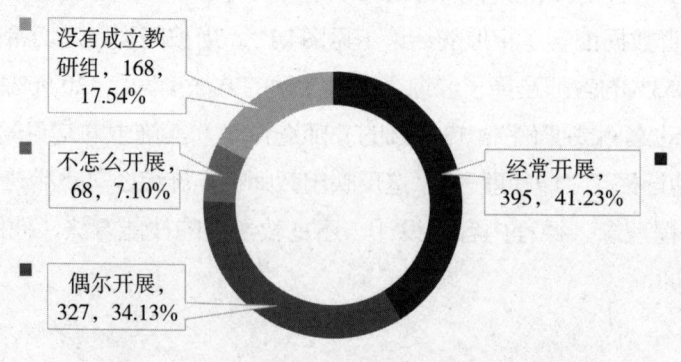

- 没有成立教研组，168，17.54%
- 不怎么开展，68，7.10%
- 偶尔开展，327，34.13%
- 经常开展，395，41.23%

图4.2 学校综合实践活动教研组开展活动情况

以鸟巢学校为例，学校小学部共有7名专兼职综合实践活动教师，其中6名为专任教师，这样的师资配置相对于其他学校已算较为齐备。他们的校本教研情况相对比较完善，但实际工作中教师常常感觉是"孤军奋战"：

教研的时候是综合实践活动专任教师和劳动、信息科技、心理老师一起活动，有时候和道德与法治、科学老师一起活动，但机会不多。

学校六年级M老师对教研活动表示无奈：

我们这个校区没跟她们一起，只有我一个人（教综合实践活动课），很多课，校区都不在一起，一个学期都不能在一起教研……

初中部的Q老师说到了她的实际的困难：

我一个人真是人手不够，要是多两个人，我们就可以多做一些尝试，比如这个班可以分开，一来可以多做几个主题，二来我就有精力让孩子选是做大主题还是独立选择主题。既然给了孩子空间，力所能及的情况下能让他们决定的就让他们决定。

在对其他学校综合实践活动教师进行访谈时，有的教师曾说：

就我们学校来说，资源没那么多，想做好只能靠我自己，没有研发团队。

当被问到平日在学校内的教研活动时，她告诉研究者：

没人跟我教研，我是跟着六年级语文组教研的，因为管我的主任管六年级。

另一位L老师说：

孤军奋战，感觉背后支持力度比较小，支撑不够。

这种在专业支持和专业发展上深切的"孤独感"，伴随着居于"科任学科"弱势地位的"自卑感"，日复一日，年复一年，沉积为众多综合实践活动教师心里挥之不夫的失落与遗憾。

（二）师资配置具有随意性和盲目性

研究者还针对教师任教综合实践活动课前参加培训的情况进行了调研。调研数据（见图4.3）显示：在接受调研的教师中，有21.61%的教师从未参加过培训，有16.08%的教师只参加过学校的培训，有62.32%的教师参加过市、区级的培训。

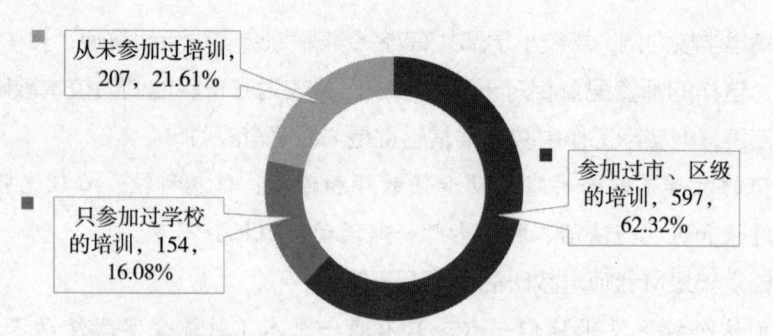

图4.3 教师担任综合实践活动课程指导教师前接受培训情况

（图中数据：从未参加过培训，207，21.61%；只参加过学校的培训，154，16.08%；参加过市、区级的培训，597，62.32%）

研究者针对北京市A区、B区、C区（A区、B区属于城区，C区属于郊区）的6位中小学综合实践活动教研员进行访谈，了解他们区各学校综合实践活动师资配置及参加区教研活动的教师情况等。对6位教研员的访谈结果整理如表4.3所示。访谈数据显示：学校安排综合实践活动师资的情况随意性比较大，教师队伍不稳定，流动性较大。

表4.3 北京市A区、B区、C区的6位中小学综合实践活动教研员访谈结果

被访谈者	访谈结果
A区中学教研员C	本区有40多所学校，参与区教研活动的最多一半。其中3—4所学校有相对稳定的专任教师，其他的学校随机性比较大。
B区中学教研员C	本区有30多所学校，参与区教研活动的有十五六所。其中有七八个骨干教师。多半是学校的教学、科研教师，个别的是学校领导（德育），更多的是学校不同学科教师，其中有的确实有综合实践活动教学任务，有的只是为了完成继续教育学分。
C区中学教研员Z	本区有将近40所中学，只有八九所学校开展研究性学习还算是积极、规范，其余学校跟着，有些活动也能跟着做。上学期共9次教研活动，开学初布置工作时最多的有20来人。多数老师就来两三次，因为还兼着好几个科，要参加别的教研。
A区小学教研员Z	本区有不少专任教师，非常优秀，但放之于全区，专任教师的比例就很低。大多数学校是班主任来兼任，像天坛小学这种情况。
B区小学教研员H	本区有60多所小学，参与教研活动的有45所左右。其中骨干团队（稳定的专任教师）有25人左右。非骨干的流动性非常大（每年的流动率为30%左右），区内有50%—60%的学校是班主任带，几乎不怎么参加区教研活动。
C区小学教研员B	本区有60所直属中心校、36所完小，主体是兼职教师，平时参加区教研活动的一般是20多人（中心组骨干教师有10多人），最多的时候（如学期初末的集中教材辅导）五六十人。预计有20多所学校是班主任兼教（综合实践活动课）。

（三）课程管理制度不规范和不完善

针对教师所在学校的综合实践活动课程管理制度的问卷调查数据（见图4.4）显示，仅有29.96%的教师认为"学校有课程管理制度，很完善"，有55.43%的教师认为"有，还不够完善"，还有14.61%的教师指出"学校没有课程管理制度"。

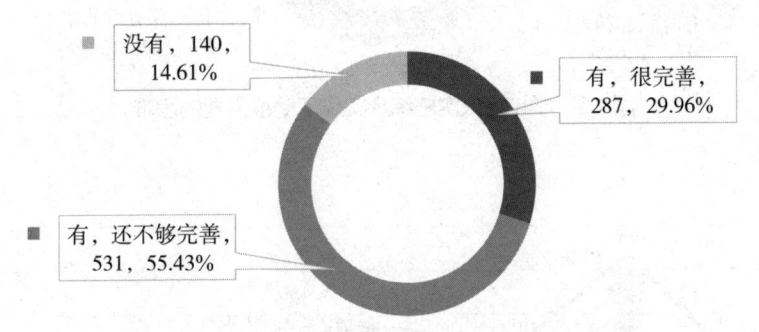

图4.4 学校综合实践活动课程管理制度建立情况

就教师遇到的主要困难而言，有43.32%的教师认为"缺乏资料、设备等资源"，有21.61%的教师认为"没有时间和精力"，有12.53%的教师感觉"得不到有效的培训"，有14.41%教师则认为是"得不到公平的评价和报酬"，有5.32%的教师认为是"学生不太积极"，如图4.5所示。就与教师专业发展密切相关的支持制度来讲，有63.26%的教师认为应该"专设教师岗位"，有50.10%的教师希望"建立学习和培训制度"，有46.56%的教师认为需要"建立工作量认定制度"，有42.38%的教师认为应该"纳入评优评先机制"，有39.04%的教师认为应该"设立职称评定系列"，有25.26%的教师选择了"将综合实践活动纳入中高考评价体系中"，如图4.6所示。

综合实践活动对教师素质和学校管理提出了双重挑战。知识的开放性与活动的生成性需要教师从知识权威和知识传递者转变为一名学习者。从课堂到课外，从言传到身教，从指导到组织，"遭遇"这个过程的教师无疑是困难的。综合实践活动的学习场域和教学的组织形式均发生了变化，学校需要建立与这门综合性、实践性、开放性的课程相适切的管理制度与学校文化。这使得原有的管理体制遭受挑战。

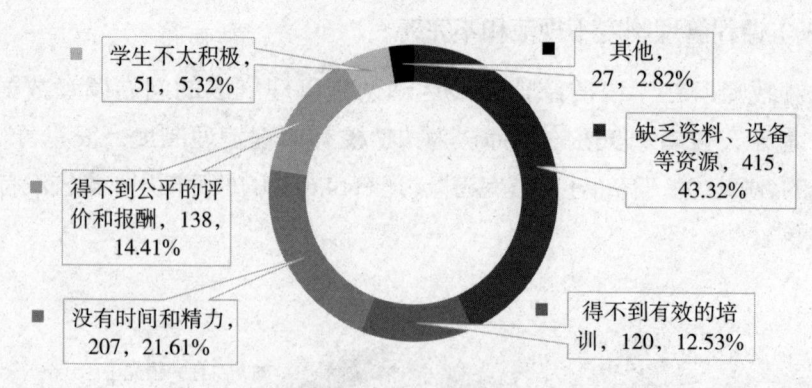

图4.5 学校有效实施综合实践活动最主要的困难

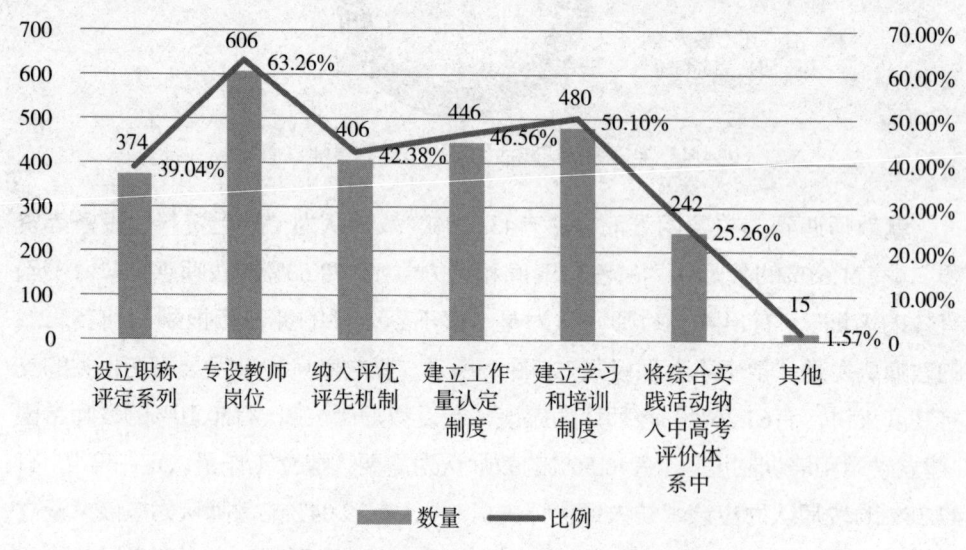

图4.6 学校有效实施综合实践活动需要的支持

形成和构建项目的过程常常充满争执，需要教学管理者和教师之间合作，有时还要听取学生与家长的意见，需要一种合作的、建设性的学校文化。（Chard，1998）如杜威实验学校尤为强调教学管理者的督导作用：每一项工作，特别是学校达到了适当的规模之后，须有一位领导是主要的负责人。他同那个部门的所有教师合作，详尽地执行计划。为了保证协调，他也要与其他部门的领导合作。为了达到统一，经常的会议是需要的。一种检查是每周的教师聚会，在会上按照总的计划，回顾上周的工作，教师在会上报告在执行计划中所遇到的困难。接着是修订和改变计划。教师的合作性行动研究也同样被强调：这些考虑（指活动、作业的选择）和学校原则最初的说明之间的连接环节，是教师们自己运用试误法合作着做出的。一般性的建议是由指导者提出的，但在这些限度之内，具体材料和处理这种材料的方法的进展，则完全掌握在教师的手中。（梅休 等，2013）[176]

然而我国并未走出传统教育的藩篱，教师、书本、课堂三个中心法力无边地统治着中小学，常常让人感觉宛若如来佛手掌般不可逃遁（丛立新，2000）[142]，综合实践活动在我国中小学缺乏丰厚的土壤（钟启泉，2008）[157]。访谈中一位区级教研员B老师谈道：

我们区参加教研活动的很大一部分老师属于学校里"老弱病残"这种情况，而且基本上一个学期换一个人或者一年换一个人。

另一位区级教研员Y老师对师资问题有诸多抱怨：

没法弄，学校根本不重视，都是最"弱"的（老师），好好栽培两年，刚出点成绩，学校一看这老师挺好，马上调走当班主任去了。

能像鸟巢学校校长那样"忍痛割爱"，把有研究力的语文教师、班主任安排到综合实践活动教师岗位上的校长并不多见。在这所学校里，综合实践活动的边缘处境和引发变革的可能性体现得淋漓尽致。有的教师在为被班主任挤占课时而沮丧，也有的教师凭借杰出教学能力跻身学校管理层，中学部还出现了综合实践活动与学科教学相融合的尝试。鸟巢学校教初一的Q老师曾分享了一个跟语文教研组合作的案例：

语文组策划过一次"为平凡人立传"活动。老师要求学生去寻找生活中的一位"小人物"，了解他的生平、思想，他身边发生的事，为他写一篇人物传记。语文老师跟学生讲，去找你们研学老师（即Q老师本人）学采访法，于是我就给他们把访谈的方法和技巧讲了一遍，之后学生们就都去做采访了。最后收回来的人物传记特别有真情实感，让我们的语文老师觉得非常惊讶，因为当时这批孩子是被我们认为素养不高的。

同样，能像天坛小学这样力推综合实践活动、由全部班主任兼任综合实践活动任课教师并有实际管理举措的学校也为少数。2019年9月开始，学校调整了原来只以学科教研组为单位的管理模式，改为年级教研组与学科教研组并行的模式，并将同年级的各学科教师集中一室办公，目的是"先从人这个因素上给合起来"。学校Z校长对师资配置问题的看法是：

> 我不敢说各学校最终都是这样，但我觉得用班主任这支队伍是对的，只有这样才能推动综合实践活动课的发展。现在综合实践活动课程的理念都影响我们学校少先队活动设计了，老师和学生都愿意主动用这样的理念。效果已经显现出来了，我觉得我走出了当年的迷茫期。

然而，班主任对综合实践活动课的理解和做法并不一致也是不争的事实。有的教师尝到它对学生发展、师生关系和班级管理的"甜头"而乐此不疲，有的只是按照学校规定"照猫画虎""浅尝辄止"，也有的教师从态度上已经温和"婉拒"。

访谈中Z校长也曾坦言：

> 到今天为止，我并没有期待所有的老师都能跟上。说它（综合实践活动）大它也不大。老师能把过去的学科教学、班主任工作应付下来就不错，所以说综合实践活动的这个撬动作用，好比一部分人先富起来，就得有人先带头。咱们这些年也是努力地在积淀，这个影响面正在扩大。

2020年1月1日，在Z校长给研究者分享的她的新年学习笔记中，她用"褪皮"一词来形容她作为学校教学改革领头人的处境与感受。

一位从事综合实践活动课程研究多年的大学研究者对此的看法是：

> 学校体制的惯习是因人设事。先安排好人再说你怎么干，比如课上选什么内容、怎么上课，而项目化学习、综合实践活动往往需要因事、因项目建制，但是管理体制本身的灵活性不足，管理模式僵化，所以（综合实践活动）推不动。

作为一门集中体现21世纪新一轮基础教育课程改革理念的新课程，综合实践活动似乎注定要经受各方面的磨难：捧的，骂的，拆散的，改头换面的，扔到一边的，什么都有。（柳夕浪，2019）[193]无论从历史还是现实看，综合实践活动要走的道路注定艰难。

第三节

出路在哪里

无论是前述的专任教师、班主任还是其他学科背景的兼职教师，在自我突破上要走过的路是共同的：情感上的热爱、理念上的认同、行动上的投入、知识上的储备。"情感"指向的是"愿不愿"，"理念"指向的是"如何认识"，"行动"指向的是"如何做"，"知识"指向的是"知不知道"。这四者之间存在着紧密的联系。其中，"情感"居于内核地位，有主动性、愿意为综合实践活动付出的教师会有深思熟虑的责任心，虚心地思索和探索综合实践活动的理念，也会奋起而行动；"理念"居于第二层，它既受"情感"驱动，同时又调控和影响"行动"的方向和水平；"行动"居于第三层，有行动力的综合实践活动教师的表现是成为学习者、指导者和组织者；"知识"居于最外层，发挥着基础性作用。

在研究者看来，"情感""理念""行动""知识"联合所指向的，恰恰是杜威对反省思维的态度，即"直截了当的态度、灵活的理智兴趣或虚心的学习意志，目的的完整性和承担包括思维在内的个人活动后果的责任心"（杜威，1990）[191]。

本节中，研究者将重点结合对两所案例学校和北京市其他学校综合实践活动优秀教师进行访谈时听到的故事，来阐述他们自我突破和成长的历程。

一、情感：热爱与付出

综合实践活动教师的专业情感是指在对担任指导教师任务的价值、意义深刻理解基础上产生的专业发展的观念和理性信念，指向的是"愿不愿"。专业情感浓厚的教师对课程抱有强烈的认同感与责任感。教师的专业情意体现在教师对课程理念的认同和教学行为的投入上。北京第二实验小学朝阳学校的庄重教师用"合一"来形容他与综合实践活动课的关系：

武术里讲究"人剑合一",我觉得我跟综合实践活动是合一的。我教了19年,真的非常有感情,我真的热爱它。只有热爱,才有想把这件事做好的信念。经过这么多年,这门课的理念已经在我脑子里扎根了,它不是"刻意"的,听到一个新闻、看到一个事件,马上就想到"这会不会是个好选题,孩子能不能去研究?"。就跟一台高度处理信息的计算机一样,敏感度瞬间就出来了。比如总书记在大会上把"德智体美劳"提出来了[1],我当时就想:这"劳"和"综合实践活动"是什么关系?我们学校怎么落实这"劳",能不能结合我们学校住宿的特点做点什么?……

早些年我指导过一个"交通安全伴我行"活动,当时我听交通广播节目宣传说《中华人民共和国道路交通安全法》明确规定学校门口必须得有人行横道,我们学校门口没有啊!我发现这个问题后就四处打听管我们这个区域的交通队。当时我没车,下了课我骑上自行车就去了交通队,大概是6月,到了那儿我浑身是汗,也不认识人,就找他们民警,队长被我的诚意打动了,挺支持的,就安排了一个民警到我们的课堂上进行讲解,我带着孩子们拍照、测量,把危险情况做了现场反馈。这课上完之后,门口的人行横道交警就给我们画上了,这个问题解决了。后续我还利用这个资源设计了"走进交通队""走进警营一日营",参观他们的指挥中心,参观宿舍,给孩子们讲法律法规,效果挺好的,当时北京市还没有提出"社会大课堂"这个说法。

如同庄老师这样,很多优秀的综合实践活动教师身上共同的一个特点就是有着对课程的深厚情意。他们热爱这门课程,不计个人得失,愿意投入巨大精力来带领学生开展实践活动。教师自身的专业情感决定着专业发展的主动性和实际效果。不能激发教师内心的专业情感的活动或经历是无效、低效的。专业情感增长的过程是在"做"的过程中自内而外逐渐生发、沉淀起来的,难以简单强加、培植。而对课程有这种情感的教师,怀着"实践育人"的责任感和使命感,将与学生和主题活动融为一体、休戚与共,不断地实现自我的突破和发展。

1　指2018年9月习近平总书记在全国教育大会上提出构建德智体美劳全面培养的教育体系。

二、理念：理解与认同

理念指的是教师对综合实践活动课程的功能、性质的看法和认识，是对综合实践活动课程本身的"元认知"的知识，在教师的知识结构中属于更上位的知识，涉及教师的课程观问题。

课程理念会影响行动的方向。而在教师的教学实践中出问题的根源就是对课程理念的认识不清。理念何以形成？固化的理念如何转变？研究者选取了北京市东城区培新小学姜涛老师的教学案例[1]，通过与她前后三次访谈的资料，来展示这名教师课程理念的前后变化过程，并一同陈述研究者眼中的课程理念。

研究者："竹轿"这个小组，是怎么想到研究这个主题的？

姜老师：孩子假期出去玩，看到外国游客在问中国人坐的滑竿，外国人觉得是担架。孩子就觉得只有中国有滑竿这事儿特别奇怪，于是就想研究这个问题。（班级的主题是"竹与生活"，学生根据对生活情境的观察直接提出了小组选题，他们并未对"情境"背后的"知识"做进一步的联结、推敲，具有一定的盲目性。教师对此并无察觉，也未给予进一步的指导。）在研究的过程里，学生围绕"我国为什么有竹轿"查阅资料，但网上资料非常少，后来校长借给我们一本书《中国竹文化》，可是书里直接相关的内容也不多。他们组这个活动确实问题挺多，不过后来他们组自己反思得特别好，我当时听了就特别感动，虽然他们这个小组的活动并不是特别成功（教师基于自己对课程理念的认识，认为这个组并未"亲身实践"，所以并不成功），但我觉得给我带来挺大的惊喜。说感受的时候，那个组的一个孩子说：再定方案、选方法的时候，我们考虑的方法应该多样一些。当我们都是查找资料的时候，觉得特别没有意思，但是看到别的小组有的去实践，还有的去做实验，我们觉得特有意思，以后我们在选主题的时候，一定要选择方法更多样、更适合的研究。（学生针对"如何选取研究主题""如何制订活动方案和选择方法"进行了非常认真的总结与反思。他们的态度是真切的，体验是深刻的，结论是经过审慎思考的，从中他们生成和提炼了新的程序性知识，从这个意义上来讲，这个小

---

1 案例名称：竹与生活。案例讲述者：北京市东城区培新小学姜涛。案例整理与分析者：刘玲。

组的活动是非常成功的。教师尽管认为该组并未"活动"不够成功，但她是一名能娴熟地把握学情、对学生的发展具有强烈责任感的班主任，这种身份督促她本能地去关注学生，也有效地弥补了她作为综合实践活动教师素养的不足。）后来边研究边赶上了我们班语文课要学课文《圆明园的毁灭》，如果不是赶上这个，他们就沉浸在资料里了。我们年级都要看电影《火烧圆明园》，其他学生也就听了一耳朵过去了，但是只有"竹轿"小组特别关注并马上反应出来，问我们班其他学生"知道为什么电影里咸丰皇帝不允许外国人坐轿吗？"，还特别骄傲地跟他们说"那时候竹轿是身份的象征"，后来又拿了一份资料，说"额尔金坐着8人抬的金顶轿子去和恭亲王签订《北京条约》，以显示自己的身份"，又说："你们看，其实小小的一顶轿子就已经看出来清朝的没落和衰败"。学生们分析得多好啊！我觉得这就是因为他们确实研究了。（学生研究"竹轿"所查阅的知识非常偶然地与他们的语文学习进程碰撞和联结起来了，确如教师所言，可遇而不可求。竹轿相关的"知识"与看电影"活动"迅速融合、发酵，学生得以从小小的"竹轿"里面读懂了清王朝的衰败。这也再次印证了"知识""活动"两者联结的必要性，单单是看电影"活动"或者查文献学"知识"都不足以生成新思维。）

　　研究者：对于学生的这种收获您怎么看，跟刚才说的那种"活动"比？

　　姜老师：其实它也是一种体验，因为激发了孩子内心的那种情感。我感触挺深，没有想到他们通过查阅和分析资料收获这么大。如果没有"竹轿"小组这个事，有可能觉得综合实践活动就是我们常说的要走出去、要动动手，我会更关注孩子的直接经验，会带着孩子开展更直接的活动，甚至就是我给他们硬性规定的活动，我觉得这是我以前对综合实践活动的一种误解。（姜老师的话暗含着理解"活动"的两种倾向：一种是学生"查资料"，另一种是学生去做一些"活动"，姜老师用自己非常直白的语言把教学中很多敷衍的、浅层的活动现状表达了出来。）

　　在第三次与她就"知识"与"活动"关系的讨论中，她生成了一些"真知灼见"。根据访谈实录将她的观点综述如下：

　　观点一："知识"与"活动"要融会贯通

　　知识跟活动要贯通起来。知识为活动服务，活动把知识外显了。要关注学生是不是学透彻了，是不是真正领会了知识的精髓，能够通过活动来反映。知识是内化的、内在的表现，但是活动一定是外显的。知识是隐性基因，活动就是外显的显性基因。

观点二："活动"开展必须以"知识"为基础

"谈古说今画竹味儿"，但这"谈古"怎么谈，要对古代或现代诗人对于竹子的看法有所了解才能去参加这个活动。也就是学生有了知识的储备，有了内化的语言积累、知识积累，才能丰富自己的意见表达。我们虽然看不见学生掌握了多少知识，但是活动开展是不是真正更有深度、广度，一定是看背后的知识。

观点三："活动"驱动"知识"的深化和丰富

就调查资料来说，一开始只是"百度"，百度上查的知识肯定会觉得既不够又不可靠，然后就调用了知网。当网络上的知识不能给我更深入的解答时，我要阅读书籍。学生从一开始遇到不会的问题就都百度（现在不会做作业他们都"百度"，他们觉得百度是万能的），但是真正做研究以后发现，百度并不完全可靠，他们在活动中逐渐地去发现，去丰富自己的知识结构，然后去改变自己对于知识的这种专业性的领悟能力。

有理由相信，如姜老师这般具有反思意识、愿意不断扩展和深化对课程理解的老师会带领学生做出更多有意义的实践活动。

三、行动：言传与身教

（一）学习者

由于综合实践活动本身的开放性和实践性，学生的活动空间经常超越学校和教室，这就需要教师既"言传"又"身教"，要参与到活动中，切实了解学生各方面的动态，密切关注主题的研究情况。实践活动的过程对教师来说也是一个"做中学"的过程。教师也要实现自我的知识增长。这类知识通过教师对自己所积累的教育教学经验进行不断反思而形成和发展，并通过自己的日常行动而表现出来。（陈向明 等，2011）[2]教师愿意与学生一起，通过不断地观察、积累、尝试、总结、交流、反思，以生成富有价值、行之有效的实践智慧。

在访谈过程中，研究者针对多名教师就"综合实践活动主题开展时往往需要多学科知识，对于这一点，您是怎么处理的？""有的教师反映在综合实践活动里会遇到知识恐慌，你怎么看？遇到不会、不懂的会紧张吗？"进行提问，以下摘取部分教师的回答：

- 会很紧张，但是我会跟着学生一起去做、一起去学，这多好呀。（杨宇琨，北京市朝阳区外国语学校教师）

- 随时保持学习者的心态，这个很重要。今天这节课的折纸我就是提前学的，然后再去教这些孩子。不会怎么办啊？只能学，如果不带这节课我绝不知道怎么折，也不会弄。但是我要教这节课了，那我之前肯定要去学……（王倩，北京市海淀区五一小学教师）

- 今天的开题论证课上学生做的"提高十字花科植物体细胞杂交融合成功率的实验研究"课题，关于植物体细胞技术，我提前找我们生物学老师学习了一个礼拜，要不然今天我都不敢说话，我可能一张嘴，学生发现其实老师是个外行。因为当时我在班里问学生是否明白时他们说明白，初中都讲过，我就没敢再说话……（齐蕴宇，北京市第一五六中学教师）

- "活动"本身所涉及的学科、领域的知识还要在日常生活中去学习。我觉得学习特别有必要，老师也得不断学习，得有一颗不断研究进取的心，有永远在路上的心态。（陈立丽，北京市西城区教育研修学院教师）

- 我觉得有的老师对未知知识"恐慌"的原因在于老师自主学习能力薄弱。老师指导孩子如何获取资料，她可以说"我不知道，但是我可以告诉你怎么获得"。我觉得综合实践活动不适合所有老师，这门课程适合研究型、创新型的教师。（于佼月，北京市海淀区民族小学教师）

- 放低姿态，就是像学生一样去学习，慢慢去接触一些东西，包括一些STEM公众号，跟一些很厉害的老师交流，校长说，其实你没有那么专业或没那么确定也不要紧，你试试看。然后我就去试试看，放手的时候我也不知道这个实验到底是否能成功。实践过程中我发现很多课的效果比我想的要好，学生的表现通常超过我的预期，他们会特别喜欢，学生也会觉得原来我自己这么棒。然后我就会越来越自信。（李佳，北京教育科学研究院丰台实验小学教师）

- 我最喜欢看学生的研究报告了，那里面有很多新的东西，对我自己来说也是一个学习的过程，有的孩子跟我说老师你怎么什么都懂，我最深的感叹就是我其实是什么都不懂，只不过读得多了，看得多了，学到老，活到老，跟学生一起

成长，这是我最大的体会。（徐军，北京市中关村中学教师）

综合实践活动是"做"出来的，不是"讲"出来的。教师在实践活动中除了"言传"还要"身教"，亲历和参与学生的实践活动过程。如同学生要在实践活动中增长多类知识一样，教师同样要亲历活动，要提炼与扩充自己的知识基础。他们愿意成为学习者，与学生一道，甚至站在学生背后。这个过程就是教师自身的知识不断增长、扩充的过程。正是从这个意义上说，教师成为"学习者"的角色是最为重要的。

（二）指导者

在综合实践活动课程中，通常不说教师应该如何"教"，而是讨论教师怎样有效地"指导"学生开展活动。教师既不能"教"综合实践活动，也不能推卸指导的责任。在综合实践活动实施过程中，要处理好学生自主实践与教师有效指导的关系。教师要在充分尊重学生自主性的前提下，体现"导之以方向，辅之以方法"的原则，重在激励、启迪、点拨和引导。

中小学生对"如何开展综合实践活动"在知识基础、方法储备、经验积累、心理应对等诸多方面都需要教师的激励、启迪、点拨与引导。教师要指导学生围绕活动主题，确定活动目标与任务，选择研究内容与方法，积极参与活动过程，经历现场考察、设计制作、实验探究、社会服务等多样化的活动方式，分析并解决问题，通过分享、反思、交流等提升经验，促进知识建构。教师应该以自身既有的知识和经验为基础，洞察和分析儿童的经验基础，要基于学生可能的心理经验拟订教育计划，并且审慎地对待"计划的可变性"，在实施过程中为学生提供指导。

在综合实践活动中，教师要引导学生形成对主题活动的研究方案，对学生进行研究方法和策略的指导，帮助学生掌握实践活动的主要方法。对学生进行人际交往与心理方面的指导，帮助学生获得积极的体验感悟。指导学生分析资料，从资料中提炼结论并形成基本符合规范的活动成果，选择适当形式、利用多样化展示机会，充分地展示与交流活动成果，促进个体知识建构。

1. 知识指导

学习和掌握与活动内容直接相关的陈述性知识，是学生合理分析问题、有效解决问题的前提和基础。因此，教师在学生遇到知识方面的问题时，也需要进行相关的指导。在活动中，学生研究的具体内容很有可能是教师不熟悉的，但是教师的知识结构比学生的更加完善，教师可以给学生提出方向性的引导和建议，在活动中不断提高学生的文献检索与阅读能力。

围绕如何处理"与主题相关的陈述性知识"问题，鸟巢学校高中部的X老师对此有着非常明确的看法：

这些知识学生要自己去学，教师只提供方法。如"名牌运动鞋和非名牌运动鞋比较研究"课程里，作为教师我会提示学生要去关注多个因素，如材料、穿的时间长短、知识产权问题等，然后就是学生自己去看、去查。学生要是光甩着手不动脑来问"老师怎么做"，我是不理的。文献要自己读，读不懂我可以带他们一块儿读。作为成年人，文献里再难的知识你多读几遍也差不多能懂了，还可以借助一些辅助的东西查一查就都会了。

这非常清晰地说明了如何处理以学生为主体和以教师为主导的关系。

2. 方法指导

教师为学生提供活动方法的指导是非常有必要的。以下结合案例来分析教师的指导作用是如何发挥的。

> ★ **案例链接：故宫名画文创产品的设计与制作**
>
> 选题：这课主题的产生是因为有一档节目叫作《上新了·故宫》，学生很喜欢里面的男主角，因此喜欢这档节目，那当然这里也有老师的引导和发现，这样才能把这件事情延展下去。（分析：教师借助学校毗邻故宫博物院以及他本人与故宫有良好合作的优势，利用热点话题，将一个看起来难度大、离学生生活并不近的内容顺利转化为了研究主题。）
>
> 创意设计：选择《韩熙载夜宴图》这一组的学生，认为同学们即将毕业了，就想做个钥匙链留念。这个想法本身是很朴素的，但做成什么样、怎么做，学生就需要去了解这幅叙事性的长卷画——《韩熙载夜宴图》，要在教师指导下从欣赏画开始：里面人物的历史背景是什么？他们在干什么？是什么关系？学生需要观察人物，特别是其动作表情，了解历史背景，

才能逐渐挖掘出人物间的关系。这时,教师引导学生去尽量理解画中的人物关系并推荐给学生合适的工具,学生反复地听音频讲解、查阅资料。之后选择了韩熙载和德明和尚,他们给出的理由是"只有德明和尚读懂了韩熙载心里的悲伤"。看来,这个时候学生对这幅画的动机已经理解了。(分析:知识学习是活动的基础,学生需要学习与主题相关的陈述性知识,教师要积极引导学生去通过合适的方式获取相关知识。)

设计制作:对这两人怎么体现?其中有个学生画画很好,于是他们就想通过绘画的方式呈现出来。一开始画的是两个人物的脑袋,结果发现这样人物特征不明显;然后就开始画全身,大概画了六遍,最后才比较满意。另一个学生想到了一句流行语:"确认过眼神,遇上对的人。"就这样给画涂上颜色后,形成了他们的作品。然后教师帮助他们扫描下来,联系商家做出了钥匙链,全班学生都非常喜欢这个文创产品。(分析:教师谙熟于设计制作的程序性知识,并能够顺利地指导学生一步步开展活动。)

(案例由北京市东城区灯市口小学李东林提供,刘玲指导与修改。)

3. 心理支持

综合实践活动的实施通常以小组为单位,小组成员之间以及与社会其他相关人员沟通和协作的情况会对活动的效果产生影响。教师需要对学生进行引导,帮助学生学会与人沟通,掌握良好的合作技能。活动实施过程中,学生可能会遇到各种各样的困难和问题,教师则需要对学生进行必要的心理指导,帮助他们树立克服困难的信心和决心,使活动得以持续下去。

北京市少年宫李滢老师在指导三年级学生开展"探究地铁站里的工作岗位"活动时,她谈道:

学生到地铁里进行职业体验时,要对地铁司机进行访谈,尽管提前列出了访谈框架和问题,进行了小组分工,也进行过访谈模拟演练,但是真的面对穿着制服而又高大的司机叔叔时,平时话很多的三年级孩子突然就有些害怕,有些不知所措,迟迟不敢上前。对于这个突发情况,我没有急于催促他们,而是先把他们带到稍远的位置,蹲下身来安慰他们"没关系,我们不着急,等一会儿再过去",带他们先回顾了曾一起看过的地铁司机的驾驶视频,然后让学生看看司机叔叔在现场工作的场景,增加他们的现场情景感。看到他们情绪逐渐稳定,我又问他们："还记得你们原来商量的分工吗？"学生就开始陆续七嘴八舌地进入状态了，在我的支持和鼓励下，孩子们鼓起勇气，再次走向地铁司机，按分工进行访谈、记录、拍摄录音，顺利地完成了访谈。孩子们的表现也得到了地铁工作人员的赞赏。

（三）组织者

综合实践活动强调打破课堂、学校、社会之间的壁垒，学生要走出课堂，到校园、社区、社会中开展实践性学习，这就需要教师具有一定的组织管理能力，能够保障学生有序、高效地开展实践活动。实施过程中涉及的因素相当复杂，因此教师要做好组织与协调工作。如：帮助学生组建小组；适时组织学生进行研讨、交流与评价，协调好学生小组之间、学生与教师之间、学生与家长之间、学生与校外机构之间以及指导教师之间的关系；为学生展开实践学习创设有利条件，并要随时监控和掌握学生的活动过程，建立合理的管理机制。这是活动安全、有序、有效开展的重要保证。

教师要为学生的实践和研究创设必要条件，争取家长和社会有关方面的关心、理解、参与和支持，开发对实践学习有价值的校内外教育资源，为学生实践提供良好的条件。教师要对学生进行必要的安全教育，提高学生的自我保护意识和能力，通过与家庭、社会相关部门的沟通联系，做好相应的组织工作，在确保学生人身安全的前提下开展各项活动。

下面我们仍以李滢老师指导开展的"探究地铁站里的工作岗位"活动为例，看一看教师如何实现组织者身份的转变。

> **案例链接：探究地铁站里的工作岗位**
>
> 乘坐地铁是现代人不可缺少的公共交通出行方式，京港地铁是北京市社会大课堂资源单位，能开放资源，为学生普及地铁出行安全知识，于是我选择在这里开展"探究地铁站里的工作岗位"主题活动。
>
> 我制订了行前、行中、行后活动计划。活动前，我和京港地铁公关部老师进行了多次沟通，介绍我们的教育意图和活动需求，共同选择了安检员、站务员、司机这三个学生相对熟悉、感兴趣同时便于体验操作的岗位，

选择周末下午相对人流量不太大的时间段和地铁站。公关部老师进行全程专业指导,为学生送上地铁安全漫画书作为奖品,活动后在官网进行宣传报道。我依据三个岗位的特点和体验方式设计制作了不同的学习单,带学生先学习如何观察、访谈、体验,做好活动准备。

作为周末的社团活动,家长的参与支持是非常重要的。活动前我在家长群里发布了活动通知和安全注意事项,征集家长的意见,邀请几位家长作为志愿者全程协助,共同保护孩子的安全。家长们都特别支持孩子参加活动,提前对孩子进行了安全教育,准时送到地铁站集合。

活动中,学生在集体参观学习地铁安全乘车知识后,分组进行了1个小时的实习体验。安检组的学生了解了安检仪的工作原理和使用方法,引导乘客将包中的水进行安检。站务组的学生引导乘客文明、安全乘车,为乘客提供各种问题咨询服务和帮助。但司机组的学生遇到了困难。依照安全管理规范,在地铁正常行驶时,学生不能走进驾驶室近距离观察司机驾驶。学生很沮丧,我只好硬着头皮再进一步沟通,邀请了一位没有当班的司机接受学生访谈,让学生了解一名司机的职业准备、工作流程、标准化操作,认识到司机"手柄轻四两,责任重千斤"的工作价值和强烈责任感。

活动结束后,我让学生们分享了在活动中体验的细节和感受,并根据自己体验岗位的特点和价值,结合自己的兴趣爱好继续研究,制作学习成果,在下次社团活动时间进行交流分享。比如安检组的学生最深刻的感受是,安检是保障地铁出行安全的重要环节,以前自己觉得很麻烦,以后会好好配合安检。我引导学生思考:你怎么表现安检的重要性呢?怎么能让其他乘客也能理解并且主动配合安检呢?于是这组学生画了地铁安检仪透视下危险品呈现的不同颜色,还画了一张海报"安检带给我们安全,谢谢配合"。司机组的学生在访谈后,写了一篇《我是一名地铁司机》日记,把司机从早到晚的工作流程和保证乘客安全准时出行的心态进行了细致的描写刻画。一名喜欢乐高的学生搭建了地铁模型,并在家长的帮助下拍摄了定格动画《我的地铁周末生活》,表现了坐着地铁4号线到动物园、圆明园游玩的快乐周末,这名学生对地铁产生了浓厚的兴趣,逐渐变成了一名小地铁迷。

(案例由北京市少年宫李滢提供,刘玲指导与修改。)

四、知识：融会与贯通

迪夫利（D. Diffily）等指出：如果项目学习不把技能习得作为有机组成，那儿童的项目学习有什么意义呢？（Diffily et al., 2002）美国当代教育家、反思性教学倡导人舍恩（D. Schon）曾批判学校知识（school knowledge）背后的"技术理性"逻辑，他认为教师应称为"教练"，是在"做"和"行动"中促进学生学习。（洪明，2003）近年来，教师实践性知识的价值越来越得到认可。陈向明认为"实践性知识是教师专业发展的主要知识基础"（陈向明，2011）[2]，"实践性知识比理论性知识更重要"（陈向明，2011）[3]。现代认知心理学家普遍同意将知识分为陈述性和程序性两种。20世纪50年代，英国哲学家波兰尼（M. Polanyi）提出，人类大脑中的知识分为"明确知识"（explicit knowledge）与"默会知识"（tacit knowledge），默会知识论形成了新的知识观。顾泠沅基于波兰尼对知识的划分，认为学习不应局限于从"明确知识"到"明确知识"的言传，而应是学习者对其言传、内化、外呈、意会四种互动学习关系的相互整合，强调实践活动和合作学习对默会知识的作用，构建了学习的新概念。（顾泠沅，2001）

综合实践活动不像学科课程那样以严密的学科知识逻辑为内容，那它有哪些独特的"知识"要求呢？

下面以人大附中亦庄新城学校王倩昀老师的"制作天然草本药皂"活动为例，就综合实践活动的"知识"要求进行分析。

☆ **案例链接：制作天然草本药皂**

学生观察到校园公共卫生间的洗手液上标注着芦荟、金银花等草本原料图案，可配料表中却写着一些化学添加剂的名字，不禁思考：如何研发一款真正以中草药为原料的天然草本药皂呢？

对于这个想法，教师惊喜于学生的观察与思考，充分认可了该研究问题的价值。但是由于都不具备相应知识储备，教师和学生首先通过分析，明确了研发草本药皂所需要的知识基础，包括中医药学领域内中草药的知识、化学学科中的皂化反应以及药皂工艺制作等知识。基于对研究问题的知识分析，研究活动的方向得以明确。教师和学生共同协作，查找专业书籍

（如《本草纲目》），依靠文献资料（如《中药药皂制作培训方案》），结合视频资源（如"药皂的制作流程"视频）等，进行了知识学习与拓展。在知识学习的基础上，师生共同挑选出金银花、无患子、艾草、薄荷等中草药原料，讨论并优化了药皂研发流程，提高了药皂工艺制作的安全性及可操作性，成功地利用综合实践活动课堂，研发出不同功效的天然药皂。在研发的基础上，他们进一步将药皂"产品"投放在校园公共卫生间，结合师生试用与产品调研，进行了二代药皂产品的迭代与升级。

（案例由人大附中亦庄新城学校王倩昀提供，刘玲指导与修改。）

从陈述性知识的角度来看，在综合实践活动中，以主题活动为线索，可能被综合的将包括所有与主题相关的概念、原则等知识。每个主题活动所能综合的知识体系是无尽的，但综合实践活动并不是科普或人文、地理等各类知识的拼盘与杂烩。举例来说，主题活动这一任务驱动像一个磁石，会吸取跟主题有关的所有知识，不论它的来源与出处。这个磁石也不是机械的、停滞的、固化的，而是有内驱力的，不断地滚动，指向特定目标。磁性会随着研究的进展吸收更多的知识进来。知识进来的动态过程体现的即为综合实践活动的生成性和开放性。对综合实践活动教师来说，指导学生开展自主学习、文献阅读与检索是解决这些问题的良策，同时教师更需要有开放、主动的心态，不断吸纳新知，扩充自己既有的知识体系。

从程序性知识的角度来看，它包括现场考察、社会调查、服务活动、劳动技能、科学实验、工具使用等学生在综合实践活动中常用的一些方法，还包括实践活动时发现问题、制订方案的程序与步骤等，这都是综合实践活动中必需的程序性知识。很难想象一个本身对程序性知识一知半解的教师能够有效地指导学生开展实践活动，或者是做出高质量的研究成果。（刘玲，2014）

跟主题背景有关的陈述性知识和跟活动过程与方法有关的程序性知识，构成了综合实践活动的知识基础。在知识面前，教师与学生都是学习者，也是学以致用的参与者。两类知识哪个更重要呢？相比于陈述性知识，程序性知识显得尤为重要。在活动中保持一种开放的求知态度，以如同磁石一样的"问题（任务）"驱动来"做中学"，并在活动中融会贯通，才是上策。

第五章

综合实践活动的主题选择

综合实践活动鼓励学生从生活情境和发展需要出发,发现问题、提出问题,强调学生与生活世界的直接联结,引导学生通过多种方式丰富对现实生活的体验和认识。然而现实生活如此之复杂,以致儿童不可能同它接触而不陷入迷乱。(杜威,2005a)[6]当学习的场域从课堂转向生活,当教师的角色从学科知识的讲解者转向生活真实问题解决的指导者时,如何确保教育的品质?选择和确定适宜的主题成为综合实践活动课程实施的首要问题。

第一节
"自主"的限度

访谈中，天坛小学副校长G非常疑惑地直接向研究者发问：

以学校和老师的主观意愿作为一种选择和驱动，而没能真正把更多的自主选择权利交给学生，这样到底是好还是不好？

这一提问直接指向了当前诸多学校和教师在内容选择时的"两难"状态：给还是不给？如何给？当学生以"参与者"的身份成为学习的第一责任人时，如何兼顾和权衡学生、教师、学校在内容选择上的关系？教师如何"取"和"给"？

2017年教育部颁布的《中小学综合实践活动课程指导纲要》规定：学校和教师要根据综合实践活动课程的目标，并基于学生发展的实际需求，设计活动主题和具体内容，……在主题开发与活动内容选择时，要重视学生自身发展需求，尊重学生的自主选择。……中小学校是综合实践活动课程规划的主体，应在地方指导下，对综合实践活动课程进行整体设计，将办学理念、办学特色、培养目标、教育内容等融入其中。

主题是如何被选择出来的？选择的具体过程是怎样的？学校、教师、学生等主体遇到的具体困难是什么？内容选择背后各主体的关系如何处理？"好"的主题是否存在统一的特征？如何评价主题的优劣？本章仍以鸟巢学校和天坛小学的做法为主要线索，并结合北京市教师问卷调查数据，以及对部分教师、区综合实践活动教研员及学生等的访谈数据展开分析。

一、学生：自主选题碰壁

学生参与课程内容选择是综合实践活动深受学生欢迎的原因之一。如在天坛小学对五年级某班某课题组的4名学生进行访谈时，他们兴高采烈地跟研究者分享了自己对综合实践活动课的看法：

"老师会让我们选自己想干什么"，"有意思，起码比语文课有意思"，"不光讲课本上的知识了"，"自己做一些事情更有趣"，"上课不那么死板，不像语文课那样照着课本念"。

然而，聚焦到选择主题的过程却并没有那么轻松，在教师眼中，学生选题的过程困难重重。

（一）"学生没能力选题"

天坛小学的G老师直言不讳地表达了对学生选题能力的质疑：

咱不是说综合实践活动应该从学生需求出发，让学生们参与设计主题吗？但实际上学生自己设计主题真的有困难，他们没有这个能力。我们班（六年级）今年主题是在去年研究天坛树木的基础上研究天坛公园的生态圈，但选题仍然出了问题。举个例子，在"天坛中昆虫与树木的关系"这个题目中有天坛、昆虫与树木，怎么去建立这种关系？从思路上学生就是糊涂的。还有的题目特大，如"公园中动物植物的寄生关系"，从主题的选择上怎样能真正让学生可实施非常关键。主题不明确，学生就没法接着去研究。

G老师是天坛小学六年级二班的班主任，她也是一名非常优秀的语文教师，从教20多年，是区级骨干教师。她跟学校里其他老师一样，自2017年起被推到综合实践活动课教学岗位上来。学校会统一规定年级的研究主题，并要求教师带领学生根据年级主题自主选择研究课题。她谈到的正是这一环节中的困难。

如果是由于知识和经验不足导致了小学生选题能力较弱，那么中学生呢？在对北京市中关村中学徐军老师进行访谈时，她同样提到学生选题时的盲目性：

"宣纸的古法制作和现代工艺的比较研究"是高一一个组学生的研学旅行选题。他们这个组选的是去安徽泾县红星造纸厂研学。我们用了四节课来确定选题。刚开始学生说："我们去了解宣纸的制造工艺，体验一下过程，了解传统工艺和文化。"你看，他们只是拍脑门想。所以我跟他们说："还要回到对宣纸的了解，可以做文献研究。"有些学生就去查攻略，查别的游客在那儿活动以后的反馈，但是和研究还是没搭上，有学生直接就说："我就查查跟宣纸有关的文献就行了吧。"你看，学生对选题其实还是很盲目的。

（二）"知识断层了"

访谈时，天坛小学的C老师对选题困难的原因做出了自己的分析：

是因为知识断层了。比如数学课，先给例题然后举一反三。语文课对于不同题材的作文怎么教都有固定模式。现在这综合实践活动课完全放手，没有例题可模仿。学生没搞过，不知道怎么做，有可能是因为咱们的教育模式，就是必须得有个例子。咱们现在的研究都是短期内让他们去看那些东西，没有知识铺垫，对这个（主题）知识的元认知制约了他们，知识上缺少延续性和连贯性，知识是断层的，老师就纯"干拔"。所以在那个情境中，到了要学以致用、解决问题的时候，所有的困惑都来了，学生就杵在那儿了。

同时接受访谈的G老师补充了自己班学生研究的案例：

比如我们班研究天坛树木树龄的这个组，到了公园，就不知道要干什么。我问学生怎样才能知道这一棵树生长了多久，学生完全茫然，根本不会。你说怎么研究？如果说从探究的角度又觉得已经是给学生的了，他们这些背景知识不够，光有热情，没有实力。

主题常与学生的生活相关联，C老师认为是主题背后的背景知识断层导致"活动"受牵绊，而G老师还谈到了"探究"过程的自主性问题。教师在活动中如何把握指导的尺度？而"学生不会"背后暗含着更加重要的观点——学生对综合实践活动的活动方式和研究步骤等缺乏了解。在她们所陈述的活动场景中，学生对研究主题缺乏细化、对实践活动缺乏计划等问题已经暴露出来。

经过与几位被访者的对话，内容选择困难背后的原因已经呼之欲出：综合实践活动强调学生的活动，那是否需要以知识为基础？这些知识的具体要求是什么？它们是以何种形态"给"学生，又是如何发挥作用的呢？多从学科教师转行而来的综合实践活动教师如何具备这些知识要求？

二、教师：教材需求旺盛

由于经验的领域是非常广泛的，它的内容也是因时因地而多种多样的，要求整齐划一的课程，这是根本不可能的，这样做将意味着放弃了同生活经验相联系的基本原则。（杜威，2005b）[258]综合实践活动强调生活本位，面向"现实生活"选题，而解决现实问题所需的知识是综合的、庞杂的，常常超越学科课程知识内容。而解决现实问题所需的方法和程序通常也多样、复杂。这对于在学科课程中依赖教材依赖惯了的教师来说无异于釜底抽薪。于是教师连同学生一起，被"面向生活""注重实践"的综合实践活动逼到了墙角,他们对教材的旺盛需求首先浮现出来。

对鸟巢学校M老师进行访谈时,她向研究者倾诉了自己任教六年前后对教材的看法:

最大的困难就是"无中生有",什么都得自己去弄。对新教师来说必须得有教材,要不然您说这课,老师自己也不明白,您再啥都不给,这课怎么上?你带学生干什么呢?⋯⋯

这番话或许道出了许多教师的苦衷。谈到所使用的区里统一研制的学生实践活动手册的感受时,她说:

手册对新教师真的不太友好,⋯⋯当时(6年前)特别希望给的资料能再多一些,要求得更详细些,比如确定一个主题,告诉老师应该看哪些书籍,给网站、给视频都成,教案就能写得更细致些,让老师至少比学生知道的要多点。我不能跟学生的知识面在一个层次上,应该比学生更专业一些。

她谈到的是教师在指导学生过程中自身的知识储备问题,她的想法正如常言说"教师得备有一壶水,才能倒出一杯水",她将此诉求求助于教材,因此,在作为新教师的她眼中,区里的手册过于粗浅,不够细致。

对此,天坛小学的副校长G校长的看法是:

老师依赖教材依赖惯了。这么多年了,上面怎么说我就怎么做,就是我不去主动地动脑子、自己想,已经形成一种惯性模式了。毕竟自己想选题是挺烧脑的一件事。

教材问题实际由来已久。在我国,长期以来学科课程一统天下,从教学计划(课程标准)的宏观结构,到教学大纲和教科书的微观结构,在中国十分明确而且十分稳定,在某种程度上已经相当固定化,甚至唯一化了;无论在小学还是中学,也无论是文科还是理科,在学习方式上没有明显的差异,几乎都是以接受教师讲授为主,而且知识总量偏多,对教学内容与进程都有着非常明确的要求。

在之前活动课程推行的过程中,许多人异口同声地提出了同样的要求——提供关于活动课程的教学大纲和教科书,以便开设课程。无论是教育相对发达的大城市,还是比较落后的地区,在这一要求的提出上毫无二致。(丛立新,2000)[216-217]研究者针对教师认为是否需要学生用书、教师用书进行了问卷调查。

调查数据显示，仅有4.91%的教师认为学生用书、教师用书都不需要，而认为两者都需要的比例占到了72.03%，认为需要教师用书和学生用书的比例分别为15.55%、7.52%。这种对教材的依赖从侧面反映出教师指导学生选择内容、设计主题活动能力的不足，他们离政策制定者所希冀的综合实践活动"面向生活""生成性"的差距是比较大的。

他们所遭遇的窘迫艰难的处境迫切需要一本百科全书似的教材来弥补。尽管M老师认为教材不够翔实，但是教材毕竟为教师欠缺的两类知识提供了支架，能够让教师"有本可依"。从本质上说，只要教师无法补齐知识要求，对教材的需求便永无止境。

研究者在对另一名学校主管校长兼综合实践活动教师S老师的访谈中，也获取了与M老师相似的观点：

可以把老师分分层次，对于新入职刚任教综合实践活动课的教师，还是应该给予他们一些帮助和指导，要不然他们很难自主去开发主题、带学生做研究。比如用统一的教材先教一下，等他们了解之后可能就会有能力去自主选择，当然这得是勤快的、爱思考的老师，因为开启新的主题就是给自己新的挑战。

三、学校："放手"还是"统筹"

研究者还调查了学校对综合实践活动课程内容的规划情况。在北京市，中小学校课程内容选择的方式具有复杂性和多样性。

调查数据显示，"由学校对各年级进行整体规划"的情况占比为54%，"由教师根据具体情况而定"的情况占比为23%，"由各年级自行规划"的情况占比为15%，"由各班级自行规划"的情况占比为4%，选择"不知道"的有4%，如图5.1所示。

问卷还就主题确定的具体方式进行了调查。数据显示，北京市各校综合实践活动内容选择情况多种多样，如图5.2所示。有43.74%的教师所在学校采用"师生共同确定主题"的方式，有37.89%的教师所在学校由"学校或教师指定主题"，9.60%的教师所在学校通过"学生自主选题"确定综合实践活动主题，8.04%的教师所在学校是"从教材中选择主题"。

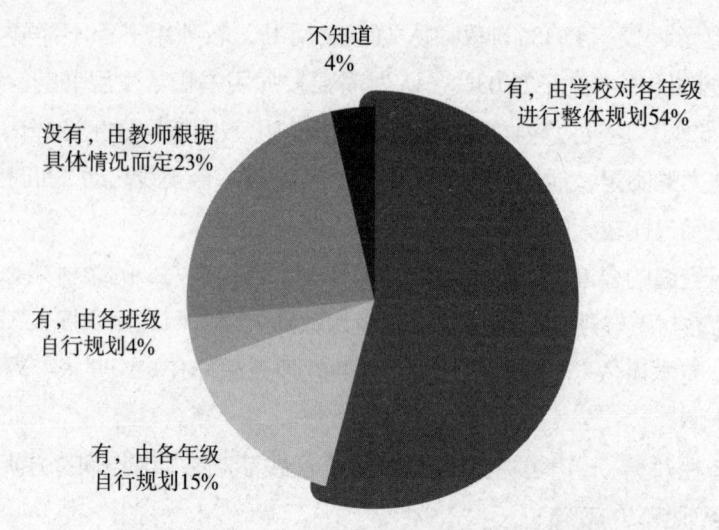

图5.1 学校对综合实践活动课程的整体规划情况

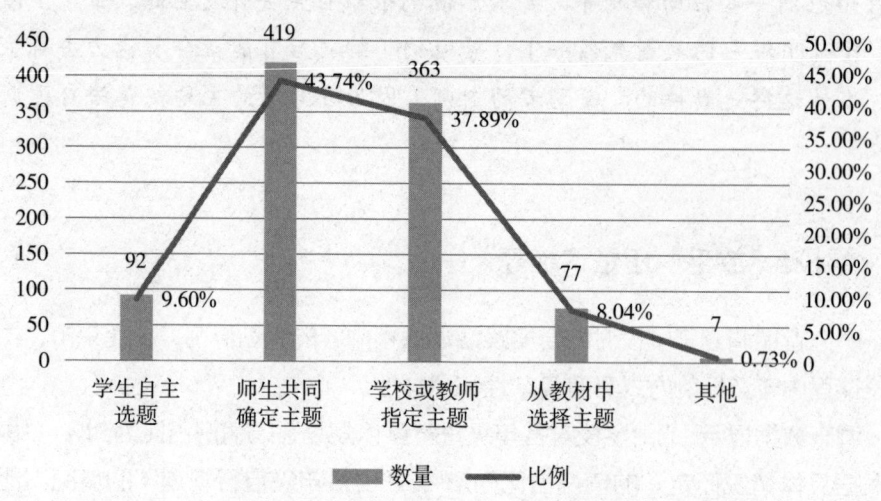

图5.2 学校选择确定综合实践活动主题时主要采取的方式

从小学、初中、高中三个学段数据分布情况看,"学校或教师指定主题""师生共同确定主题"在三个学段中均占比较大,是学校确定综合实践活动主题的主要方式。相对于小学、初中学生,高中"学生自主选题"占比最高,为19.31%。"从教材中选择主题"的情况在高中学段占比最低,为3.45%;在初中学段占比最高,达到10.11%,如图5.3所示。

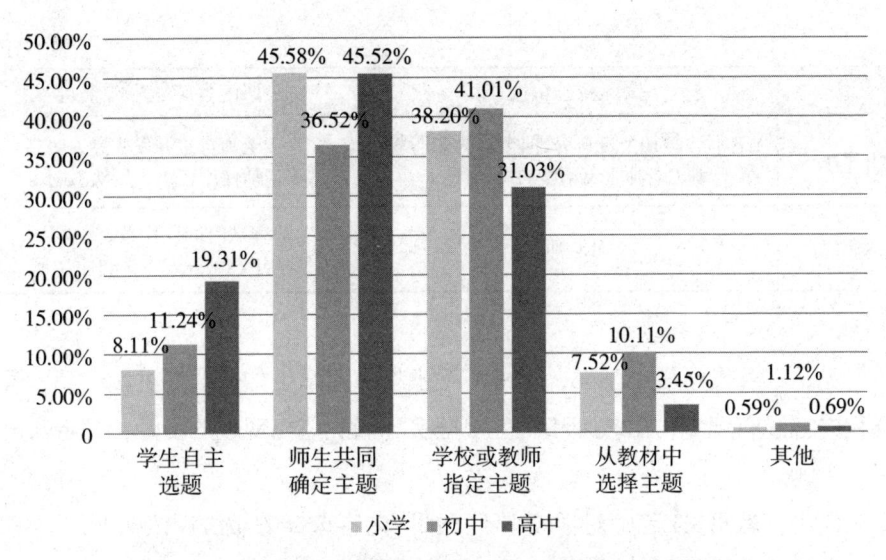

图5.3　不同学段学生在选择主题时采取的方式分布图

（一）"放手"的背后

当被问及鸟巢学校如何选择综合实践活动课程内容时，该校L校长谈道：

刚开始那些年没有教材，那会儿学区要搞教师技能比赛都不知道这个学科怎么出题，主要是Y老师、Z老师他们带着学生弄；现在比较规范了，市里、区里都有教材，老师可以参考。有的老师自己开发主题，有的老师按教材走……

可见在小学部，学校并不干预课程内容选择，而是由教师根据实际情况选择。研究者的这一判断也从小学部Y老师提供的课程内容情况一览表（见表5.1）中得到证实。

表5.1　鸟巢学校小学部综合实践活动课程内容情况一览表[1]

年级	授课教师情况	授课内容选题来源情况
三年级	L老师	从市级教材、区级教材中选题
四年级	Z老师	Z老师有时自主开发主题，有时从市级、区级教材中选题

1　资料来源：研究者根据Y老师填写的《学校综合实践活动师资配置与课程内容安排情况表》整理。

续表

年级	授课教师情况	授课内容选题来源情况
五年级	Y老师，教10个班；另外4个班为兼职教师C老师（英语学科背景）	Y老师自主开发主题，C老师使用市级、区级教材
六年级	M老师	多数时间使用教材，每学年尝试开发一个自主主题

可见，在鸟巢学校小学部，学校不干预教师和学生如何选择主题活动。学校对课程内容没有规划，由教师和学生根据实际情况选择现成的资源，或者自己开发设计主题。

访谈中，教研员Z老师对学校"不干预"内容选择的做法评议如下：

这跟校长怎么理解这门课（综合实践活动）的功能有关系。现在的这些校长多是语、数、英专业出身的，管教学的领导也不大明白这课是怎么回事，压根儿不知道什么是综合实践活动。她们学校（鸟巢学校）算不错的了！课程内容，老师就自己鼓捣吧！所以你看，能力强的老师独当一面，像Y老师、Z老师，弄得挺好，在市里、全国经常得奖。行，就这样吧！在学校领导心里，这事儿也没那么重要，本身对它没有太多期许。能力不强的老师只上教材的内容，按部就班，也就当是完成任务。

王策三认为，不同知识具有不同的智力价值，有类别和级别的差异，如简单的事实、数字、现象的智力价值明显低于复杂的概念、性质、规律带来的智力价值。（丛立新，2000）[162]褚宏启指出，核心素养具有两个特征，一是跨学科的，高于学科知识；二是综合与超越了知识、能力、态度，所以是"高级知识"。（褚宏启，2016）

实际上，在学校中，学科课程，尤其是与升学考试直接相关的高利害的考试学科知识，居于知识权威地位。如果以升学考试知识导向来思考，综合实践活动主题研究中涉及的知识与考试关联度相对较小，学生的问题解决能力、合作能力等能力和情感态度价值观更是无法直接体现。是关注当下学生以考试和应试为主的核心课程利益，还是以关怀未来学生全面发展为导向？眼前利益与长远利益如同鱼与熊掌不可兼得，如何取舍？研究者曾访谈过鸟巢学校高中部的两名学生，他们对此有着自己的理解：

老师课上再怎么做实验也得跟着课本来。这些东西考试也不考，那老师还是得把高考作为重点对吧？（高一×班学生）

语文课也讲郭沫若，但好像就说了一点儿，只是知道他这个人，知道他出了第一本新诗集叫《女神》。课文里只有《天上的街市》等几篇文章。语文老师也不会特别展开地讲，因为高考好像不考这些东西，看一看就跳过去了。（高三×班学生）

综合实践活动被边缘化似乎是它作为一门"课程"必然的宿命。仅把综合实践活动视为一门"学科"，搁浅它转变学科课程学习方式的功能，只能使课程发展陷入困境。作为一门单设的课程，综合实践活动在课程结构中落地生根，也日渐获得发展。但综合实践活动只是打开了一扇"窗"，让学生有机会看到外面沸腾的、生动的世界。它敞开的空间是有限的，难以实现中小学校与现实生活之间真正的流通，对居于知识权威地位的学科课程的模式与教学方法并没有带来太大改变。

每个学生都面临着相互联系的两个世界：生活世界与学科世界。由此形成两类课程：生活课程与学科课程。综合实践活动是"生活本位"的课程，学生或用多种方式触摸、体验现实生活，以丰富认识、感悟生活的意义；或围绕现实生活中的问题综合运用知识、技术工具等进行研究和解决，以改造现实生活。学科知识逻辑是严密分化的、既定的，具有相对稳定性。在综合实践活动中，要解决现实生活问题，所需知识与方法常常远超学科课程的知识逻辑，这在客观上使得综合实践活动教师不能够全然依赖学科课程知识。何况在"学科化"思维固化严重的学校里，综合实践活动教师并不能轻易获得居于核心地位的学科知识拥有者的援助。

狭隘的学科本位论者看待作为新生事物且不尽完善的综合实践活动犹如隔岸观火，甚至不屑一顾。综合实践活动作为一门"学科"被边缘化，于是"你走你的阳关道，我过我的独木桥"，本应融会贯通、相辅相成的综合实践活动与学科课程之间貌合神离，甚至渐行渐远。

（二）"统筹"的利与弊

天坛小学Z校长曾专门出版过综合实践活动课程内容设计方面的专著。在天坛小学开设综合实践活动课程的十几年中，对课程内容的设计经过了多个阶段的探索。

2008年北京市中小学生社会大课堂工程启动后，学校组织科任教师团队围绕周边社会资源开发综合实践活动，但Z校长认为效果并不理想：

只开发了些课例，并没真正实施起来，问题太多了，没法普及，出去实践活动需要经费付出和时间投入，安全也是个问题。

谈起当时设计的初衷时，Z校长坦然地笑起来：

当时的观念就觉得综合实践活动得出去，得搞活动，对这门课的认识就是这样。

2013年学校由一址扩为三址。当时根据三个校址不同的优势，分别设立了科技教育综合实践基地、艺术教育综合实践基地和体育教育综合实践基地，想解决前述学生外出实践活动的难题。科任教师大概有15人，分布在三个校区。每周五下午排两节课，班主任带着学生往返校区上课。在回顾这一段历程时，Z校长反思道：

学生是很喜欢的，但我发现科任老师对这件事认识不够的话，他会把这个基地课程弄成小制作了，后来经费开支太大，加上学生扩招，就不能再这样了。那一段是我的迷茫期，后来我就发现拿这种基地课程当内容，也不是我想要的综合实践活动。

2015年7月，北京市教委颁布《北京市实施教育部〈义务教育课程设置实验方案〉的课程计划（修订）》，明确要求"中小学校各学科平均应有不低于10%的课时用于开展校内外综合实践活动课程"，作为国家课程的综合实践活动本身还需要以更加"综合"、更加"实践"的主题学习方式常态化开展。因此，从2017年开始，学校开始探索以"主题学习"为内容、由所有班主任（均为语文学科背景）兼任本班综合实践活动教师的课程实施模式。由教科室主任和各年级组长牵头研制各主题实施纲要，由各班主任和学生根据"主题"选择具体"课题"。

表5.2是"主题"与"课程"之间关系的示例。如四年级的大主题是"竹课程社会"。学校提供了"竹与生活""竹与生产"等近10个可供选择的课程范围。围绕"主题"，各班可从第二列中选择具体的"课程范围"，学生又可以结成研究小组选择更加具体的"课题"。

表5.2 "主题"与"课题"关系示例

年级主题	课程范围	具体内容	研究课题举例
竹与社会	竹与生活	衣、食	1. 竹子在美食中有哪些用处？ 2. 竹笋怎么烹调更美味、更有营养？
		住：家具、雨具、生活用品 行：竹筏、竹船、竹车	1. 社会调查：你在生活中见过哪些竹制品？用过哪些竹制品？竹制品有什么优点和不足？什么是竹纤维产品？ 2. 调查竹筷、竹椅、竹席、竹枕的使用情况。
	竹与生产	农具、渔具、兵器	1. 基于淘宝平台的竹制工艺品的种类、价格进行调查。 2. 可以开发什么样的竹制工艺品？
		工艺品	

从内容选择背后的权力主体看，教材背后隐含的是课程专家知识权威，学校/教师指定主题隐含的是管理者/教师的知识权威，学生自主选题时，学生成了权力主体。从"使用教材"逐渐到"学生自主选题"，体现了从"预设"走向"生成"的过程。如图5.4所示，如以"天平"进行类比，将代表主题活动产生方式背后的权力主体视为不同"砝码"，那不同学校和教师在内容选择上的差异则表现为因砝码的重量与组合方式不同而左倾右斜、此消彼长。

图5.4 主题活动产生方式背后的权力主体

教师应与学生一起，循序渐进地把"教材"文本、"主题"线索和零散的"问题"与学生的个体经验、知识基础衔接起来。内容选择的过程既要依靠学校和教师有所"预设"，又要保持动态性和开放性，给学生的"生成"留足空间。

"预设"与"生成"的关系在杜威那里的表述是"坚定性"与"可变性"的关系。他认为以经验为基础的教育计划应该兼具"坚定性"与"可变性"，完全放任、没有预设和指导是不可能的。所以，计划要既有"可变性"又具"坚定性",既要容许经验的个性能自由地得到表现,又要使能力的发展具有明确的方向性。教育计划是一个共同的活动,而不是命令。教师的建议不是铸造的模型,而是一个出发点。这个出发点,再加上所有参与者的经验领域的共享,就可以发展为一种计划。它是通过相互的给与取而形成的。教师自然可以"取",但同时也不惮于"给"。其根本的一点是,要通过共同的思考的过程来推动计划的发展和形成。(杜威,2013)[260, 268]

作为教师,我们拥有智慧而不应过度迷信专家的崇拜,只有认识到这一点,我们才能成为我们职业的主人,并且解放我们的学生。(Pinar et al., 1995)[198]从使用既定教材或学校给定主题到面对学生提出的问题,再到指导学生发现问题、确立问题,教师面临的"生成"性的要求越来越高,既不能盲目地"取",也不能武断地"给"。最初的教材、学校的主题只是他人的经验而已,这一过程教师自然可以"取",但更重要的是该"给":要使之从属于受教育者个人的内心情境,引导学生结合生动的个人经验,使教材变成学生经验的一部分。从用别人(无论是专家编写、学校编写、同行编写)的"教材(主题)",到能够接住学生抛来的"问题"球,做好引导回应,再到指导学生发现问题,这是把"教材"和"学生"进行联结的过程,是促成"情境"与"知识"不断联结的过程。

第二节

主题能从哪里来

综合实践活动的主题源于生活，某一本书、课堂上学生提的问题、课间班里发生的偶然事件、一个社会热点话题或社区当中特定的资源……，都可能成为主题的来源。

概括来说，综合实践活动的主题来源一般包括以下三个方面。

一、基于学科教学的相关内容

对教师和学生来说，投入在学科课程中的时间是学校生活中占时最多的部分。学科教学中的内容是学生们熟悉的内容，从学科教学中寻找主题开展综合实践活动，更容易被学生接受，也有利于教师指导。从学科教学中产生主题，既可以围绕某一学科展开，也可以是各科内容的综合。

（一）某一学科的拓展内容

强调所学知识与生活的链接是我国基础教育课程改革的方向。从选题的角度来看，学科教学中产生的较好的选题，常常是在学科知识的基础上具有拓展性和开放性的问题，有助于培养学生运用知识解决生活问题的能力，发展其综合素质。具体如表5.3所示。

表5.3　学科学习中能提出的主题（示例）[1]

主题	来源说明
焯水方式对西兰花维生素C含量影响的研究	学生在化学课上了解到维生素C具有较强的还原性、受热易氧化的性质，在化学社团活动中学习了维生素C的实验测定方法。于是选择了经常食用的西兰花中的维生素C作为研究对象，研究不同焯水温度和时间对西兰花维生素C含量的影响。

---

[1] 示例由北京交通大学附属中学郭雪雁提供，有删改。

续表

主题	来源说明
蓝染工艺的相关影响因素探究	在美术选修蓝染课上,学生了解到蓝染工艺是一项中国传统的手工印染工艺,但蓝染工艺生产效率较低,难以实现规范化、标准化、连续化生产等,阻碍了工艺的发展与传承。学生准备通过实验,探究蓝靛还原染色的相关影响因素,为传统工艺的发展与传承贡献自己的一份力量。
探究影响蒜苗根尖细胞有丝分裂的环境因素	学生学习了《普通高中教科书 生物学 必修1 分子与细胞》中的《细胞的生命历程》一章后,结合做过的"观察根尖分生区组织细胞的有丝分裂"实验和生命活动受环境影响的生物学原理,提出问题:哪些环境因素影响根尖分生区组织细胞的有丝分裂?根尖分生区组织细胞有丝分裂的最佳环境条件包括哪些方面?学生准备开展相关实验研究。
探究救灾物资储备库地理位置特点	学习了高中地理必修1教材第六章自然灾害后,学生认识到,面对各地自然灾害频发的问题,建立救灾物资储备库是自然灾害应急救援的重要措施。那如何进行救灾物资储备库的选址呢?选择地点一般具有什么特点呢?学生准备进行相关考察研究。
鞋子的摩擦因数探究及应用研究	在高中物理课学习过摩擦力及有关计算后,学生留意到日常生活和工作中很多情况都与摩擦力有关,比如登山时需要鞋子的摩擦力大,滑雪时又需要鞋子的摩擦力小,于是想研究设计应用于不同场景的鞋子。
关于不同加密算法的编程实现与优缺点分析	在信息科技课学习编程语言后,学生想探究各种加密手段的实用性与可能的应用场景。
跑步姿势对跑步速度的影响研究	体育课上体测跑步的时候,学生发现同学跑步姿势各有不同,这些跑步姿势是否对跑步速度产生影响?何种姿势跑得更快?学生想深入探究跑步姿势对跑步速度的影响。
发面效果的影响因素探究	劳动课面点制作任务中,针对有的同学制作的馒头蓬松暄软、有的同学制作的馒头硬实、口感不好的现象,学生了解到这与面的发酵程度有关,于是想对发面效果的影响因素做进一步研究。

(二)不同学科的关联内容

各学科的2022年版义务教育课程标准均设置了跨学科主题学习,但提法各不相同。如语文学科中它被称为"跨学科学习";数学学科中它被纳入综合与实践领域，主要包括"主题活动"和"项目学习"；历史、地理、信息科技、体育与健康学科中它被称为"跨学科主题学习"；化学学科中它被称为"化学与社会·跨学科实践"；生物学学科中它被称为"生物学与社会·跨学科实践"；物理学科中它被称为"跨学科实践"。各学科课程标准对应的内容都对设计要求、主题建议、教学实施、评价活动有较为明确的说明，可以首先聚焦课程标准中的相关内容，以此为线索再进行比较、集合。

> **案例链接：多学科教师联合开发综合实践活动主题**
>
> "无碳动力小车"是基于《普通高中教科书 通用技术 必修 技术与设计2》中的《结构及其设计》章节内容的活动主题，课标要求学生能运用系统、结构、流程、控制等原理和系统分析的方法，进行简单的技术设计活动，尝试解决技术问题，培养工程思维。而小车模型在运动过程中要具有的结构稳定性和强度、运动距离等，需要学生运用力学知识进行设计，这与高中物理必修教材第一册第四章《运动和力的关系》关联紧密，物理课标提出要注重在机械运动情境下，培养学生的运动与相互作用观念和模型建构等物理学科核心素养。
>
> 项目任务中的阻力测试选题是基于真实问题提出的，小车行驶的距离与地面阻力有关，为了实测阻力，学生需要设计一个相对准确的测试装置，运用物理学知识设计方案，对运动中的小车进行摩擦力测试，结合技术方法完成实验测量，解决实际问题。
>
> 两个不同学科的教师联合开展了一次综合实践活动。具体教学流程是：教师共同教研选定项目，向学生介绍任务背景并进行任务分解，以任务驱动学生主动学习新知、开展理论分析、设计方案、设计草图、制作模型以及测试，中期反思、调试以及进行阻力测试实验，最后交流展示、反思评估。整个项目用了16周的时间，每周一次课，整个学期学生边做边学。课程设计如下页图所示。

发现问题 创意设计	・数字化学习与创新：发现信息的特点和价值，能利用数据、数字化工具来解决问题。 ・服务社会与他人：利用工具解决生活中的问题，为社会和他人带来价值。 ・物理观念：通过传感器的学习和应用，学生进一步体会物质观念和能量观念。 ・科学态度与责任：通过功能需求分析和方案设计，在认识科学、技术、社会的基础上，逐渐形成探索自然的内在动力和责任感。
制作调试	・工程思维、计算思维：在条件有限的情况下，系统地、统筹地应用各种资源。用计算机科学的方法和概念来解决问题。 ・深度学习：解决问题的过程是不断学习、设计、评价、修改、创新的过程。 ・科学思维：体会物理知识在技术中的应用，归纳总结出传感器应用的一般模式，并能够迁移应用到新的场景中。调试过程中基于实践证据，通过科学推理对产品进行修正改进，提出建设性或创造性意见。
问题解决	・劳动意识：培养动手的意识和能力，在劳动中创造价值。 ・技术应用、问题解决：利用各种传感器、主控板来实现自己的创意。 ・科学探究：从实际需求出发提出问题，分析传感器的工作过程，应用知识设计方案，在解决问题过程中进行交流、评估和反思。

（案例由北京大学附属中学强艳、王璐提供，刘玲指导与修改。）

二、基于生活情境的真实问题

人的本质并不是单个人所固有的抽象物，在其现实性上，是一切社会关系的总和。马克思在《关于费尔巴哈的提纲》中明确了人的社会性。人在与社会的持续互动中增进个人价值的实现。情境与日常生活、社会现实、职业世界、科技发展等直接相关。学生将作为社会中的一员直面个人生涯、社会交往、职业世界的挑战，他们通过查阅文献或数据、收集事实或证据、设计制作或提供服务等方式，投射于实践之中。日常生活在学生发展中的作用丝毫不亚于学科知识。人类学家、德国马克斯·普朗克社会人类学研究所所长项飚曾提出过一个命题："从虚拟网络到真实社交：如何重建附近？"他针对城市生活的"生态性不足"，呼吁从个体出发开启社会行动，关注身边的一草一木，提出了"最初500米"的想法，帮助人们寻求和世界之间更好的联结。

学生终将从学校走向社会，从被精心编排的科目学习走向复杂情境的实践学习，从有限的、被悉心呵护的教育空间走向广袤的、多元复杂的生活世界。倘若他在学生时代对此毫无准备、一无所知，如何具备直面困难的勇气与品格？如何拥有改造世界的热情与能力？所以才有"并非长大了去创造，而是要创造着长大"这样的呼吁。所谓的"专家思维"和"复杂交往"单靠在沉闷的书斋世界里难以实现，基于日常生活情境，发现和解决真实问题，实现人与人之间、人与社会之间的持续互动才是根本。

（一）学校生活

综合实践活动课程设计与学校的办学自主性、主体性紧密相关。学校可以立足本校办学理念，基于学校文化特色，对综合实践活动进行整体设计，将办学理念、办学特色、培养目标、教育内容等融入其中，注重因校制宜，将理念、原则要求化为具体的育人实践活动。

第一，充分挖掘校内文化活动资源。如学校办学特色、节庆活动、文艺演出、师生关系、班级组织、学生团体、校纪校风、校容校貌、典礼仪式等，这些特色文化活动本身具有综合性，蕴含着不少有意义的主题，可以进行统筹设计，以作为开展综合实践活动的载体。

☆ **案例链接：挖掘学校特色文化，拓宽综合实践场域**

北京市海淀区五一小学多年来形成了具有学校特色的六大主题活动节（语文节、数学节、体育节、科技节、艺术节、英语节）。主题活动节打破学科界限，充分发挥跨学科学习的整体育人优势，借助学科间的融合点，全面发展学生的综合素养。

以2023年第十届语文节为例，学校依托整本书阅读课程，开展以"与经典同行"为主题的综合性语文实践活动。语文节活动除了引导学生进行经典阅读，还努力拓宽阅读实践领域，将阅读活动拓展为连环画与绘本创作、人物泥塑、朗诵会、创意写作、戏剧表演等，以丰富的内容、多样的形式，帮助学生喜欢上阅读。并且搭建起了语文学习与真实生活问题之间的桥梁。在学以致用、知行合一中，学生的文化自信、问题解决意识和能力得到发展。

例如，四年级组开展了"讲神话故事""绘神话小报""捏神话人物""写神话故事"系列活动。学生在讲解中感悟神话的奇特神奇，在绘制中体悟神话的深远影响，在捏制中品悟神话人物的奇妙创设，在习作中展开想象创编神话故事。学生尝试运用语文、艺术、劳动、信息科技等相关知识与技能，富有创意地设计并主动参与校园文化节活动，在活动中学习语文，获得更多样的文化体验。

又如，六年级以"书写成长的笑与泪"为主题，在阅读经典书籍中品味生活的苦与乐，学生用有温度的文字抒发对生活的感悟，用五彩的画笔描画阅读书目中的感人情节，用精彩的朗诵再现成长中的点滴。学生综合运用语文、道德与法治、艺术等多方面的知识与技能，通过小组研讨、集体策划、设计活动方案，运用跨媒介形式分享研学成果。

（案例由北京市海淀区五一小学冯蕾、毕文冉提供，刘玲指导与修改。）

第二，利用好校内硬件场地资源。图书馆、实验室、专用教室、科技场馆等各类教学设施，都是开展综合实践活动的必备资源。近年来，随着国家对劳动教育要求的深化，越来越多的学校将食堂、校园绿地、空隙地带、阳台或楼顶平台等开发成农业生产劳动、日常生活劳动的场所。例如基于图书馆资源可以开展整本书阅读、劳动体验活动，或者与传统文化等主题相结合开展综合实践活动，这都为基于劳动项目的综合实践活动提供了契机。

☆ 案例链接："学校是座博物馆"

府学胡同小学兴建于1368年，至今仍完整地保留着殿、堂、祠、阁的古建筑群,堪称一所"活"的教育博物馆,孔庙主题文化、"府学石学府"中的金石文化、门楣间的楹联文化和匾额文化、大成门前的石鼓文化……,一石一木皆课程。

我们提出了"学校是座博物馆"的理念,构建博物馆课程。校园内的石刻、奥运、文祠、特展等博物馆相继开馆并进行了课程转化,成为"活"的课程和教育资源。如学校内的石刻博物馆,开设了历史、拓印、篆刻、小讲解员等课程。在这样的学习中,学生不再是参观者,而更像是个博物馆的研究员,甚至是博物馆的馆长,以主人翁的姿态,如数家珍地介绍文物、历史。博物馆课程成为高质量育人的实践基地。

基于学校文化与校园博物馆资源,我们将中华优秀传统文化与学科课程进行拓展,形成博物馆延伸课程——"1+X"奎星课程,开展"探秘中轴线""太学·寻迹——探儒学之美"等综合实践活动,注重在多学科学习过程中培养学生的发散思维、辩证思维,通过跨学科等方式,不断提升拔尖创新人才的实践创新能力。

博物馆课程还进行了成果转化,举办了入泮礼、庭院沉浸式中秋诗会、孔子诞辰日纪念活动、府学讲坛、民族英雄文天祥纪念活动、"大美府学"书画和摄影展、古建中的音乐会等特色活动,进而升级为学校文化,课程与文化相互促进,助力学生发展。我们还整合北京市丰富的博物馆资源支持学校课程与教学,延伸育人空间,努力打造特色鲜明的"大博物馆学校"。

(案例由北京市东城区府学胡同小学滕亚杰、胡松林提供,刘玲指导与修改。)

第三,利用好学生日常学习中的教育契机。可以引导学生从日常的学习生活中发现问题、提出问题。如握笔姿势、课间活动、视力问题、用餐问题、交友问题等,这些来源于学生自身生活中的问题,能让他们意识到研究的真实价值和意义,能有效调动学生研究的热情。类似问题不胜枚举,以下提供可能的案例情境供参考,如表5.4所示。

表5.4 学校生活情境中能提出的主题（示例）

主题	情境说明
学习习惯	不少同学在读书写字、记录笔记、完成作业时没养成好习惯或掌握正确方法，如何设计一些有益、有趣的实践活动，引导同学们逐渐形成良好的学习习惯和方法，以提高学习效率呢？
课间游戏	课间经常见到有同学在楼道追逐打闹，带来安全隐患。如何根据不同的时长和条件来设计有益的课间游戏，做到既好玩又安全？
健康饮食	不少同学存在挑食、吃（喝）零食（饮料）的问题，如何能帮助同学们科学选择零食（饮料），培养健康饮食习惯？
浪费现象	同学们的学习用具，学校里的水、电、粮食等常常存在浪费现象，如何根据实际情况，设计有针对性的节约方案，引导同学们形成节约资源的意识？
上课举手手势	课堂上我们举手想表达的意思可能不完全相同。有时是"我有信心回答好这个问题"，有时是"我不确定但想尝试一下"，还可能是"我有紧急的情况"……。是否可以设计出一套简单又有效的课堂手势来更准确地表达信息、促进互动呢？
回收与再利用	学校里的一次性杯子、牛奶利乐包装盒等浪费情况严重，如何能合理地"废物利用"？
放学问题的研究	规模大、班额多的学校每天放学时间非常长，遇到特殊天气更易出现混乱无序的现象。如何科学地设计放学方案，才能既保障安全又提高效率？
设计模型制作课专用的工具刀	学校的模型课程上，学生经常会遇到工具刀"不好用"的问题，如用卡纸、吹塑纸、KT板等较厚的材料裁圆形时就不太方便、将1—3毫米厚的桐木板裁切成不同宽度的木条时也不太好用，是否能根据实际需要，自己动手设计工具刀呢？

（二）家庭生活

家庭是学生最为熟悉的场景，有人把家庭形象地比喻成"学生就读时间最长的学校"。看似普通平常的家庭生活也可以变成培养学生跨学科思维的"修炼场"，可以引导学生从家庭生活场景中发现问题。要鼓励学生留心周围的事物，学会观察的方法，积累观察的经验，练就一双发现问题的眼睛。在观察的基础上，还要善于思考，遇事多问几个为什么、怎么办。例如看到家中长辈制作馒头的情境，可以利用学过的生物学、化学相关知识对发酵食品制作展开研究。针对家用电器的使用情况，可以指导学生利用物理、劳动、信息科技课等学过的知识研究用电量与电路负荷的矛盾、比较不同家用电器的功率、了解家庭电路的组成、进行智能互联设计等。具体如表5.5所示。

表5.5　家庭生活情境中能提出的主题（示例）

主题	情境说明
跟着爸爸妈妈去"上班"	爸爸妈妈是做什么工作的？为什么爸爸常加班到很晚？为什么妈妈一天总是看起来很忙？……寻找合适时机，跟着爸爸妈妈"上一天班"，体验爸爸妈妈的职业角色和在家庭中的职责。
生活中的窍门	每个家庭都有自己的生活"小妙招"：如庭院（阳台）种植种什么好？家庭节水有哪些妙招？发酵馒头如何能又大又软？有哪些家传菜？……开展调查、访谈、实验，了解自家、亲戚家或社区邻里的生活窍门。
健康饮食	不少同学存在挑食、吃（喝）零食（饮料）的问题，家长对此极力反对但也束手无策。如何科学选择零食（饮料）？每日餐食应注意什么问题？如何能形成健康饮食的习惯？……
对电子设备使用情况的调查	中小学生每天在家中使用手机等电子产品多长时间为宜？家长看手机的实际情况如何？老年人看手机更关注哪些讯息？……调查了解家庭成员的电子设备使用情况，寻求积极稳妥的家庭手机使用规则。
恒温孵化器的设计制作	收到几个作为礼物的受精鸡蛋，但家里的孵化条件达不到，物理课上正好在学习电路知识，能不能运用物理、生物学相关知识做实验和设计制作，制作一个家中使用的满足蛋孵化条件的孵化箱，以"鸡妈妈"的角色承担起孵化鸡蛋的职责？
劳动工具的改造	秋收时家里种的苹果树采摘起来全靠人力，耗时耗力，登梯子爬高存在一定危险性，能否设计一款省力的采摘器？冬天柿子熟了摘取时也需要两人配合，如何改造现有工具？……
回收与再利用	家里用过的一次性杯子、牛奶利乐包装盒、快递包装盒通常被直接扔掉，有没有重复利用的可能？如何能合理地"废物利用"，实现绿色循环经济？
设计家庭出游方案	每逢"五一""十一"或寒暑假时，家人常会组织集体出游。跟着旅行社游玩常会奔波辛苦，如何根据家人的实际需求，"量身设计"一个家庭出游方案？

《中华人民共和国家庭教育促进法》要求中小学校应当将家庭教育指导服务纳入工作计划，作为对教师业务培训的内容。劳动教育中同样需要协同学校与家庭的综合育人功能，这都为基于家庭生活的综合实践活动提供了契机。

（三）社会生活

实践的意义在于改造世界。综合实践活动实施过程中，要积极引导学生运用知识解决复杂问题，提高学生的社会参与意识和社会责任感。从夏雪梅老师"全国项目化学习案例平台"几年来收集到的6000多份国内项目化学习案例来看，有将近70%的案例是在探讨自我和日常生活、学科知识有关的话题，而较少在日常现象中体现更为深切的社会关怀主题。而对国际上经典的项目化学习案例进行分析后发现，这些案例往往带有强烈的社会关怀，指向人类普遍关注的重大社会性、科学性议题，如生态环保、太空探索、文化保护等。（夏雪梅，2021）

教师可以有目的地引导学生关注社会热点话题，收集相关话题的资料并进行分析，从中发现与自身密切相关或自己感兴趣的问题。例如交通拥堵是当前城市发展中的重大问题，教师可以通过恰当的方式，例如提供一小段资料或现实生活中的事例引出话题，让学生搜集与交通拥堵相关的资料，并引导学生交流自己是否遇到过类似情况，这样学生就不难结合自身生活经验提出与交通拥堵有关的问题了。

教师还可以提供一些社会发展热点、焦点事件的信息、资料，引发学生提出问题。可以围绕我国和当前世界经济社会发展中一些举世瞩目的事件，如航空航天、人工智能、生态文明、新材料能源等专题，引导学生了解当代科技发展和社会文化的最新成就，鼓励学生把这些内容与所学的知识结合起来，激发学生的探索和求知欲望，锻炼学生的思维能力。通过这样的活动，增进学生对科学发展和社会文化发展的了解与认识，鼓励学生大胆提出问题，激发他们参与活动的兴趣和热情，从而选择和确定相关主题，拓展活动的领域。具体如表5.6所示。

表5.6　社会生活情境中能提出的主题（示例）

主题	情境说明
关于宠物粪便堆肥的实验研究	社区里养犬的人越来越多，有时宠物主人不及时清理粪便就会导致居民"踩雷"。即使有的社区提供了专门收集粪便的工具/纸张，但效果还是不佳，能否发动社区居民收集宠物粪便并开展堆肥实验？
秸秆和落叶的有效处理	每年秋天，你所在地区的秸秆和落叶都是如何处理的？它们最后去哪里了？直接焚烧可能导致哪些危害？有哪些其他的处理办法？……开展实验和调查，探索能更加有效地处理秸秆和落叶的方法或措施。
对当地老年人生活状况的调查	老年人在日常生活中常会遇到哪些困难？当地老年人的养老方式主要有哪些？不同的养老方式各有什么利弊？我们能为老人提供一些什么服务？……考察当地的社会养老机构，访谈身边的老年人，关注他们的生活情况，开展服务活动。

续表

主题	情境说明
种植养殖什么收益高	当地农业的主要种植、养殖项目有哪些？不同项目的收益情况如何？农业经济现状如何？对当地的自然、地理条件进行分析，从市场、技术、经济等多角度对种养殖项目进行调查研究和比较分析，并对不同项目的经济、社会效益进行预测分析，提出意见和建议。
家乡特产/旅游景观的调查与推介	你的家乡有哪些特产？它们是如何成为特产的？跟哪些因素有关？有哪些有名的旅游景观？背后有哪些历史故事、文化传承？现有的旅游推介方案状况如何？……走进家乡，开展资料收集、人物访谈、实地考察等，设计与策划相关推介方案。
身边的环境污染问题研究	我们所处的环境中存在哪些污染问题？开展实地考察和监测实验，了解身边环境污染的来源、现状及对身体健康可能带来的影响，提出合理可行的污染防治措施。

三、基于社区的特有资源

社区指的是以一定地理区域为基础的社会群体。人们的日常活动、社会交往等，常在特定的社区范围内进行。综合实践活动主题选择强调要面向学生的社会生活，在促进学生与社区的持续互动中培养学生综合运用多学科知识，认识、分析和解决现实问题，以适应快速变化的社会生活、职业世界的需要。社区资源成为影响综合实践活动主题的非常重要的因素。

2022年6月教育部颁布了《关于加强中小学地方课程和校本课程建设与管理的意见》，提出："增强义务教育课程对地方的适应性，挖掘当地自然风貌、区域经济、优势科技、特色文化以及革命文物、遗址、纪念场馆等方面资源的育人价值，使学生认识家乡，丰富体验，拓宽视野，增强综合素质"，"鼓励将劳动、综合实践活动、班团队活动、地方课程、校本课程等整合实施，相关内容统筹安排，课时打通使用"。基于学校所在社区的特有资源开展综合实践活动，是不少中小学校的现实选择。

下文从社区的自然资源、人文资源两个角度分别讨论开展综合实践活动的各种可能性。尽管是分开论述的，但综合实践活动中自然探究与社会研究常常密不可分。

（一）利用自然资源开展自然探究

能满足人类需要的整个自然界都是自然资源，它包括空气、水、土地、森林、草原、矿物等。随着社会的发展和科学技术的进步，我们需要开发和利用越来越多的自然资源。

围绕当地社区的自然环境或自然因素，可以充分利用山川河流、农场、牧场、植物园、森林、公园等，可以利用的场所包括大专院校、科研机构、企事业单位等专业职能部门，或社区的科技馆、图书馆等科普教育职能机构，学生可以开展自然考察、社会调查、实验探究、文献学习等多样化的实践活动。这类主题活动能帮助学生更好地领会和建构知识，培养学生的综合思维和系统观念，促进科学探究与实践能力的发展。图5.5给出了若干利用自然资源开展自然探究的示例。

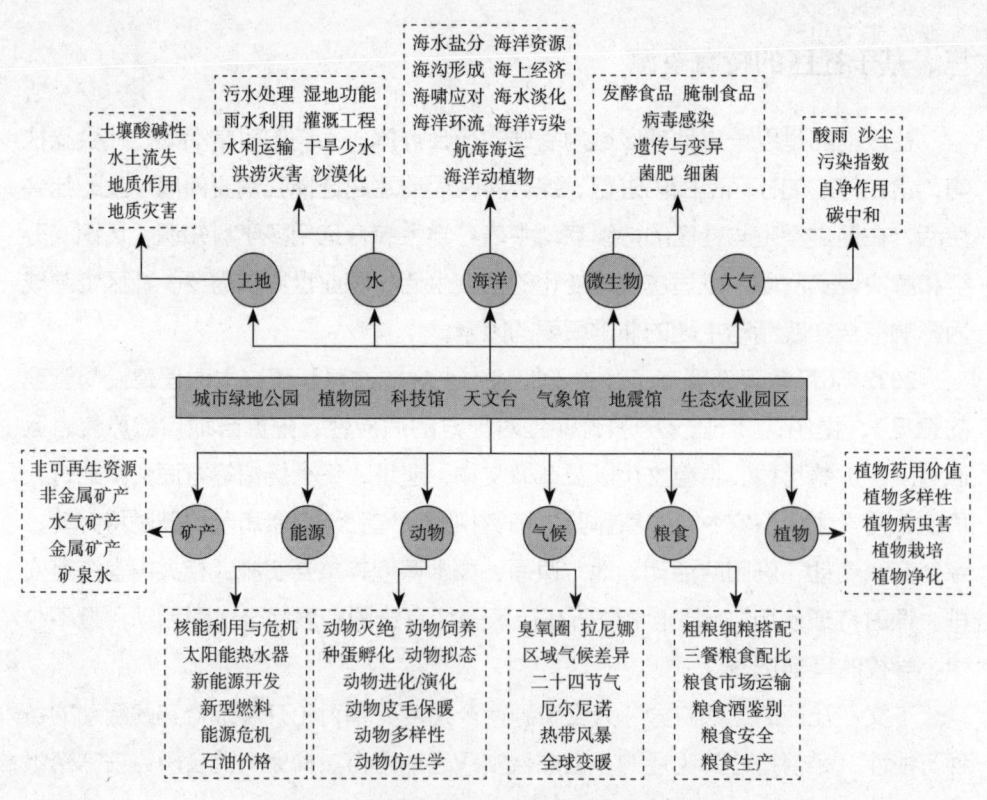

图5.5 利用自然资源开展自然探究的示例

（二）结合人文资源开展社会研究

人文资源是与自然资源相对而言的，主要包括历史传统、风景名胜、传统文化、文娱生活、民俗文化、非物质文化遗产等。与之相关的场所包括文化古迹，革命历史遗址、博物馆、体育馆、美术馆、文化宫、展览馆等场馆。

适当选择这些资源，能更好地促进学生人文素养的提升，拓宽学生的文化视野，培养学生的社会责任感。应结合学生的情况、学校周边社区的实际情况，对学校周边可利用的文化场馆、红色教育资源、企业机构等适合开展综合实践活动的场所进行充分挖掘。教师可以指导学生在自己活动的范围之内开展专题调查活动，如调查社区居民最关注的问题、调查家长最关心的问题等，从中可以发现最具现实意义的问题。教师还可以引导学生在学农、学军、环保、敬老、义务劳动等活动中，发现自己感兴趣的问题。

> **案例链接：课程巧开发，首钢园变身"综合实践园"**
>
> 　　北京首钢园是新时代首都城市复兴新地标，位于北京市石景山区永定河畔，是城六区唯一集中连片待开发的区域，在地理区位、空间资源、历史文化、生态环境上具有独特的优势，首钢园又是北京冬奥会官方合作伙伴，不仅冬奥组委会曾在此驻地，而且是首钢滑雪大跳台项目"双金"福地。
>
> 　　如何把家门口的资源转化成学生综合实践的场所？经过资源分析、课程策划、课程论证与教学实验，我们逐渐开发出了包含文化考察、科技探秘、生态规划、艺术设计、冬奥体育五大主题，以钢铁文化、红色精神为核心，体现"立德"育人目标的课程内容。学生可以通过科技探秘，认识科学技术的发展能促进国家的发展；通过生态规划，增强保护环境的意识；通过首钢创设"变身"设计，认识借鉴生活中"变废为宝"的设计内容；最后通过冬奥体育主题，学习冬奥有关知识，并且体验冬奥运动项目。
>
> 　　以"追寻铁色记忆，传承红色精神"文化考察主题课程为例，可以引导学生探索"我知道的首钢发展百年历史""为什么说首钢曾经是北京城

市发展的驱动力""什么是首钢红色精神",可以指导学生带好记录工具参观首钢陶楼,通过听讲解了解首钢百年历史、首钢对北京城市发展所起的作用,以及首钢未来的发展等。学生可以行走在输气、输水管道上搭建的高架游园走廊,俯瞰首钢工业遗迹,亲身感受百年首钢历史。通过亲身感受,抒写"红色精神"传承就是"钢铁精神""钢铁意志",并在体验区感受当钢铁工人推拉矿车、搬运矿石的情境。

（案例由北京教育学院石景山分院甘育山提供,刘玲指导与修改。）

第三节
主题如何被提出

从实践层面看，综合实践活动主题的提出方式不外乎以下四种情况：一是《中小学综合实践活动课程指导纲要》（以下简称《纲要》）中推荐了若干主题，可供参考与借鉴；二是现行教材中直接可获取的教学主题；三是由学校根据办学理念和资源情况做统一规划，确定各年级的主题和实施方式；四是鼓励学生自主发现问题，师生共同确定主题。

无论主题是取自《纲要》、教材，还是由学校来事先确定，学生都应该参与确定主题题目、话题和相关学习活动。在做主题设计时，始终要围绕的核心是"学生如何进入"。教师的作用是至关重要的，无论是哪种途径提出的主题，都需要教师根据课程的内容要求和学生特点等去挖掘当地的资源，设计符合实际情况的、有代表性的学习主题。

一、《纲要》推荐的主题：如何"转化"

2017年颁布的《纲要》附件《中小学综合实践活动推荐主题汇总》根据"立足学生综合素质培养的需要，体现综合实践活动的特征；贴近学生的生活实际和年龄特征，反映时代发展和科技进步的内容，同时兼顾城乡差异；落实班团队活动和相关专题教育的要求"原则推荐了152个主题，并规定"表中所推荐的活动主题不做硬性规定，仅供学校选择参考。学校可结合实际开发更贴近当地学生生活、富有特色的活动"。

在《纲要》中推荐了"我是校园志愿者"活动主题，该活动主题旨在让学生通过参与校园内力所能及的志愿服务活动，获得喜悦感、满足感、成就感等有积极意义的价值体验，认识、分析、理解"奉献、友爱、互助、进步"的中国志愿精神的内涵，形成维护社会文明、热爱生活、创造美好生活的态度，做到知行合一。

☆ 案例链接：我是如何对《纲要》推荐的"我是校园志愿者"主题做转化的？

如何将"我是校园志愿者"主题和学生的实际情况进行对接呢？刘秋媛老师想到了各个学校每年春季都要举办的运动会，能不能引导学生以"校园志愿者"的身份参与比赛项目呢？恰好学校今年想策划新的比赛项目。

学生们对校园体育节组委会进行访谈，主动领取的活动任务为：按照各年级学生的特点和需求，策划以沙包为主要器材的比赛项目，并组织实施。由此"我是校园志愿者"活动主题就得到了进一步的分解、细化，具体定向为"校园体育节专属沙包的设计与制作"。

在该主题活动内容中，沙包的设计与制作是劳动课中传统工艺制作任务群中缝纫劳动的项目；校园体育节专属沙包到底要怎样做、做成什么样子等一系列的问题，则需要严谨的调查、计算、推理、求证、设计等。学生要完成这样一个具有挑战性的任务，不仅要综合运用已有的知识、经验，还要开展新知识、新技能的学习与应用，自然而然地通过综合实践活动，达成提高沙包比赛项目的参与率、增强沙包比赛项目的趣味性、提升沙包比赛项目的运动效果等预期活动目标。于是，学生以各种"职业者"的角色，投入于活动的始终。具体活动设计如下。

活动1：我是"调查员"

学生把"以沙包为主要器材的运动方式或比赛项目都有哪些？各年级的同学分别喜欢怎么玩沙包？如何提高沙包比赛的观赏性、趣味性？如何提高沙包比赛项目的报名率？不同的沙包比赛项目分别使用什么样的沙包最合适？什么样的沙包更能实现运动效果？"等作为主要问题，兵分多路，有目的、有计划、有秩序地向学生提出问题，跟家长进行交流，向老师征求建议，上网查阅资料等，开展广泛而深入的调查活动，聚焦"沙包的玩法"和"沙包的样式"，为后续的设计活动收集丰富的参考、论证资料。

活动2：我是"设计师"

学生以调研资料的整理为基础，首先以年级为单位，为每个年级创设1—2项沙包比赛项目；随后，综合不同学生的个性化需求、比赛项目的实际需要等，分组进行专属沙包的设计，绘制图纸，撰写设计说明。

活动3：我是"裁缝师"

学生根据设计图，进行打板，亲手缝制，制作样品。

活动4：我是"质检员"

学生以小组为单位对专属沙包进行"沙包的样式是否合适、沙包的重量是否适当、沙包的大小是否科学、沙包的缝制是否结实、沙包的使用效果是否理想"等方面的"试验性"检测，对设计方案做进一步的调整、修改。

活动5：我是"操作工"

学生变成"操作工"，按计划进行专属沙包的定量生产，团队内部以流水线作业的方式和工作流程，完成制作任务。他们将所有设计思路整合在一起，形成了这样的设计方案：直径为12厘米的球状沙包，填充物为丝绵，布料为光滑的丝绸类布料。再如，他们为四年级学生"量身定制"了沙包掷远项目，充分考虑到了运动效能问题，将比赛项目与四年级的体质健康测试项目投掷实心球联结在一起。通过咨询体育老师得知，四年级实心球的重量为1千克。他们又抽样测量了四年级部分学生的手长与手宽，初步确定了沙包的大小和形状是棱长7厘米的正方体，经过重量与体积的比对，选择以"细沙"为填充物。同时，为了增强比赛的观赏性，便于更直观地分析、判断投掷动作的规范性，学生们迁移"风筝"的模样，提出了为沙包加尾巴的想法。

学生在沙包设计中，以"分析问题"为核心，自觉主动地开展知识、技能、思维方式等的跨学科学习，完成了项目设计。在制作环节中，如关于球状沙包的制作，学生利用纸张，先后以足球为范本、以球体灯笼为范本、以篮球为范本等进行了20余次的裁剪与实验，最终确定了用20个正三角形进行拼接的制作方案。在缝制过程中，所有学生都能运用平针法、回针法、包边缝三种不同的针法将布块进行手工连接，还总结出了三种针法的使用技巧，创编了操作顺口溜。他们将数学计算、演示推理、工艺制作、文学创作等知识轻松运用，得心应手。

（案例由北京市密云区教育研修学院刘秋媛提供，刘玲指导与修改。）

该主题是刘秋媛老师基于《纲要》的推荐主题而提出的，但在对主题的分析、设计与实施中，她巧妙地以"校园体育节专属沙包的设计与制作"这一具体任务实现了《纲要》主题的现实转化。该案例体现出以下策略。

1. 联结

可以将《纲要》推荐主题与学生的现实生活情境及相关学科内容进行联结。如《纲要》中考察探究活动1—2年级推荐主题"神奇的影子"与统编版小学语文教科书一年级上册第七单元的课文《影子》、教科版科学教科书三年级下册第三单元第3课《影子的秘密》相关，教师在针对该主题进行二次设计时可以进行有机融合。又如《纲要》中考察探究活动3—6年级推荐主题"我是'非遗'小传人"，基于地域的不同，探究活动可聚焦于县级、市级等级别的非遗项目。

2. 聚敛

《纲要》推荐的主题一般比较大，在实际操作中，可利用"大事化小"的方法，进行内容的聚敛，从而展现出"以小见大"的活动效果。如《纲要》中考察探究活动1—2年级推荐主题"学习习惯调查"，可设计为"一年级学生握笔习惯的调查与研究"等活动主题；考察探究活动3—6年级推荐主题"关爱身边的动植物"，可设计为"我为校园周边的流浪猫安个'家'"等活动主题。

3. 延展

《纲要》推荐的主题具有一定的引领性、启发性，在选择与应用中，可进行发散式的设计，以体现综合实践活动的时代性、发展性等现实意义与价值。如《纲要》中考察探究活动3—6年级推荐主题"节约调查与行动"，可引申出"光盘行动的调查与研究""塑料袋使用状况的调查与研究""垃圾分类执行情况的调查与研究"等活动主题；社会服务活动3—6年级推荐主题"我做环保宣传员"，可延展出"我是小小交通协管员""我是爱眼小使者""我是护水小卫士"等活动主题。

二、选自教材的主题：如何"活化"

下面以"有趣的游戏"主题为例[1]展开讨论。

"有趣的游戏"是源自教材中的主题，教材里安排了两部分活动。第一，寻找长辈童年的游戏，安排了向长辈进行访谈调研、亲自学习体验传统游戏、宣传传统游戏等活动，使学生了解传统游戏，喜欢传统游戏，继承与发扬传统游戏。第二，问卷调查学生喜欢的传统游戏，体验游戏，改编游戏，使学生结合现实分析传统游戏的优缺点，改进并创编传统游戏。

（一）先把教材读宽、读深

1. 分析教材中安排的内容是否满足学生的兴趣和需求（进行内容的增补）

教材中安排的向长辈进行访谈调研必不可少，因为学生生活的环境接触更多的是电子产品，对传统游戏比较生疏，长辈小时候玩过很多传统游戏，通过访谈长辈有助于学生了解一些传统游戏的玩法。但是学生从采访长辈这个途径获取到的信息更多的是当地一些零散的传统游戏的玩法，要想对传统游戏有更全面的了解，教师还需要指导学生通过网络、书籍等多种途径去搜集相关的信息。当下有很多传统游戏的视听资源，因此可以拓宽学生搜集、体验传统游戏的途径，在这个阶段要通过多种途径使学生更多地了解传统游戏，更多地学习体验传统游戏。

如果教材中的活动设计不能满足学生的需要，教师的设计应适当加大思维难度，给学生以提高和发展的空间。

2. 分析教材中安排的内容是否符合学生的思考逻辑（进行结构的调整）

在第一阶段的活动中，学生更多沉浸在学习体验传统游戏的乐趣中，而教材中宣传传统游戏这个活动内容安排在初步体验之后。实际上，宣传传统游戏之前需要对传统游戏有全面客观的认识，因此可考虑带领学生对传统游戏认识、认可、改进、改编之后再进行宣传。因此，需要把宣传传统游戏的活动放在改进和创编传统游戏之后。

---

[1] 案例由北京中学小学部张守芹提供，刘玲指导与修改。

教师在教学活动中，要针对学生实际情况进行教材的"再设计"，如果教材的活动设计高于学生的认知水平和能力，教师应该设计较易的教学活动，帮助学生先搭"梯子"。

3. 分析教材中安排的内容是否适切（进行内容的筛选）

在第二个阶段的活动中，教材中先安排了对同学们进行问卷调查的活动，调查同学们喜欢的传统游戏。前期的活动中学生们对传统游戏进行了充分的学习、体验，他们在体验的过程中就能够发现传统游戏中的一些优点和不足，从而筛选出自己喜欢的传统游戏，并产生创新改进的欲望，在此基础上自然过渡到对传统游戏的改编。而问卷调查活动安排在此时并不适切。因此，对学生的问卷调查活动可以删除。

实际教学过程中，要了解学生对哪些感兴趣、哪些活动可以合并、哪些活动可以删除、哪些活动更可行，选择出本主题活动中需要完成的教学活动。

（二）教学时要根据学情活用教材

1. 教师要根据学生的实际，结合活动的深入开展和实施，对教材进行补充和调整

在"活动准备：提出问题，制订方案"环节，教师没有局限于教材推荐的几个问题，而是组织学生对传统游戏这个话题进行充分的交流，让学生把不明白的问题全部提出来，教师充分调动学生的生活经验。学生提出了很多鲜活的问题，如"什么游戏是传统游戏？""传统游戏是否也可以分类？""传统游戏有哪些优点和不足？""南方、北方的传统游戏是否一样？""是否所有的传统游戏都是好的，我们如何继承和发扬？""哪些传统游戏适合在课间玩？"等。教师用思维导图的形式梳理了学生们的问题，如图5.6所示。

教材中设计了访谈长辈活动，为教师们提供了一个"长辈玩过的游戏"记录表格，课程实施中，教师认为这个表格过于简单，不能指导学生将访谈活动做得更深入。所以，在教材表格的基础上，教师改良了访谈及体验活动表格，如表5.7所示。

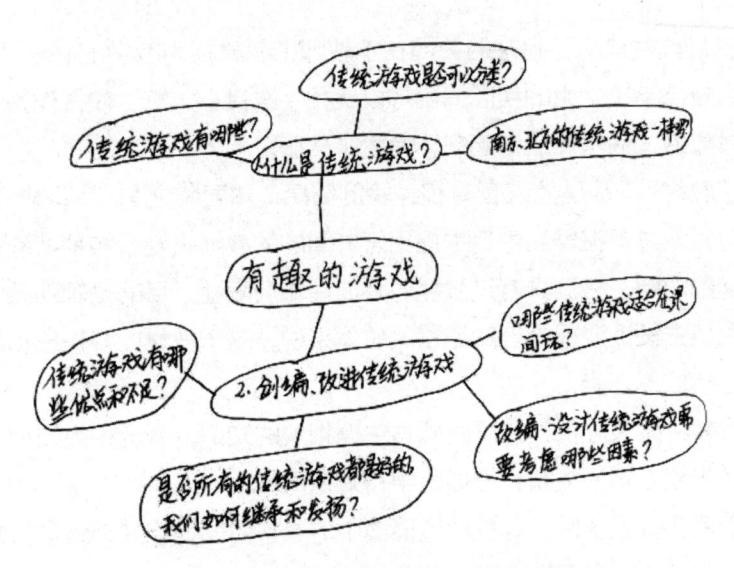

图5.6 问题梳理思维导图：有趣的游戏

表5.7 教师设计的访谈记录表

被访谈人	玩过的游戏名称	方法记录（自己喜欢的方式）	我的体验及感受
爷爷			
奶奶			
……			

2. 教师对活动的选择和设计不是机械地照搬照抄，而是根据现实条件来创造性地应用、改良，使之更具可行性

在活动的展示交流阶段，教材中的内容是：设计一个课间能玩的小游戏，比比看谁的设计更好。结合综合实践活动课程的特点，以及活动内容来源于生活并服务生活的理念，教师改良后的活动内容是：在传统游戏的基础上，结合我们课间的活动进行改编，在全年级进行一个游戏推介会，推选出全年级学生最喜欢的课间游戏。游戏推介会的形式激发了学生们的高度热情，并且与学生们课间十分钟的现实问题相结合，真正体现出为学生的现实生活服务。

教材只是为学生的学习活动提供了基本线索，科学地使用教材，就是把教材作为"活"的载体而不是"死"的知识，不是一味地、机械地"照本宣科"，要把教材读宽、读深，灵活地使用教材。

案例中，教材"活"起来的关键在于教师把教材视为教学的必要"知识"，认真地结合自己学校学生的实际情况加以优化、改良、丰富，使得作为"知识"的教材和具体的"情境"结合起来，发生了共振。

所谓"教材"，都是他人智慧和经验的结晶，需要将之与"情境"进行联结和重组。对暂不具备指导学生自主提出研究问题的教师来说，各种"教材"发挥的就是这样的功能。它们具有过渡性、临时性和局限性，目的是辅助教师借此通往带领学生自主设计课程内容的道路。总体来说，基于教材内容提出和细化主题时，主要包括以下几步：

- 针对教材深入分析，初步明确与主题相关的知识，融合相关知识，提炼核心概念，初步建立知识关联，形成跨学科知识网络。
- 基于现实资源条件，寻找现实情境中的真实问题，将其与跨学科知识网络进行对接，进一步明确活动主题。
- 基于该主题的核心概念、实际资源情况和学生的兴趣设计教学活动，培养学生跨学科分析问题的思维习惯，激发学生参与实践并解决真实问题的能力。

三、学校确定的主题：如何"细化"

开展综合实践活动之前，不少学校首先会对主题做总体设计与规划，分析具体的背景，根据学校和社区的特点，开发课程资源，初步确定学校各年级的主题目标、主题内容等。教师和学生在开展综合实践活动时，可以在学校整体规划的指引下，结合自身的爱好和兴趣，选择和确定适合的小主题和研究方向。

在北京市东城区培新小学，经过对周边资源的考察和学校办学理念的分析，学校统一确定各年级的综合实践活动主题，4—6年级的分别是"天坛""竹课程""寻访老北京故事"。[1]学校要求教科研室主任和各年级组长牵头研制各主题实施纲要，由各班主任和学生根据年级主题选择具体的班级课题和学生小组课题。张燕校长介绍了对"主题"与"课题"的不同考虑：

确定年级主题时考虑了综合性和可操作性两个原则。一是综合性。因为"主题"之下学生还要选择小"课题"，所以主题设计时要为教师和学生提供可选

---

[1] 案例由北京市东城区培新小学于未娟提供，刘玲指导与修改。

择的空间。二是可操作性。要尽可能贴近学生的生活实际，考虑现阶段的资源情况、学生认知水平、能力状况、自然条件等。课题是学生根据自己的兴趣、爱好，在教师的指导下选择要研究的问题。根据主题的不同，课题都由学生确定。

培新小学天坛校区距离天坛公园仅有一条马路之隔，因此，作为"家门口"的资源，"天坛"被确定为培新小学四年级综合实践活动的主题。教师如何基于学校确定的主题，进一步确定适合小学四年级学生开展的综合实践活动选题呢？任教于四年级的于未娟老师做出了这样的分析。

第一步是围绕天坛功能，划分探究维度。

天坛对于当今的人们，主要有两大功能：作为世界文化遗产的文化传播功能，以及作为市民公园的生活休闲功能。作为世界文化遗产，它张开双臂，热情欢迎全世界的人民，将历史悠久、博大精深的传统文化传播给每一位来到这里参观的游客。同时，它又是北京市民家门口的公园，人们在这里遛弯锻炼、会见友人、唱歌跳舞，它满足着人们休闲娱乐的需要。因此，我们全面考虑后，将"天坛"这一主题划分为两个探究维度：文化传播和生活休闲。

第二步：与生活经验对接，确定研究方向。确定了探究维度后，教师对学生的学情进行了充分了解。

调查发现，班中的学生绝大部分都住在学校附近，距离天坛自然也不远，几乎都去过天坛，而且也都通过多种途径对天坛的基本知识有所了解。比如：天坛是明清两代帝王祭天之地，其中最著名的建筑是祈年殿、圜丘坛和皇穹宇等。但不少学生在课上提出：虽然对天坛的知识有简单的了解，但不够深入。而且天坛这样"高大上"的名胜古迹，与自己的生活有什么样的联系呢？由此可以看出，其实天坛还是和学生存在着一定的心理距离的。

基于这样的学情组织学生开展头脑风暴，围绕文化传播和生活休闲这两个维度，利用思维导图的形式，确定了贴近学生生活的四个研究方向：观光游览、科学探究、休闲娱乐、体育锻炼。

第三步：基于自身兴趣，充分提出问题。在这一环节，学生依据四个研究方向，结合自己的兴趣结成了四个小组，在小组中充分提出自己感兴趣的问题。

• 天坛游客络绎不绝，很多人都在那里拍照，有的照片上人很多，根本拍不出天坛建筑之美，如何在天坛拍出满意的照片？

- 天坛的文创产品很受游客欢迎，我们学校也有自己的竹娃产品，我们能不能学着天坛文创的样子，将天坛的元素和学校的"竹娃"元素结合起来，设计出属于我们自己的竹娃文创产品呢？
- 天坛里有一家天坛福饮店，那里有很多饮品的名字很有趣，比如"祈谷满满拿铁""神乐跳跳拿铁"等，它们的名字和天坛的文化有什么样的关系呢？
- 天坛里有很多有名的古树，比如"问天柏""九龙柏"，这些古树的名字是怎么起的？我们还发现很多有特点的古树并没有名字，我们能不能给它们也起个符合自身特点的名字呢？
- 天坛里的回音壁能传声，有什么样的科学原理呢？
- 天坛的建筑物有很多颜色，比如蓝色、红色、黄色……，这些颜色有什么讲究，代表什么？

……

第四步：筛选整理问题，形成研究课题。列出问题清单后，教师指导学生对问题进行整理、筛选、合并，提炼出有研究价值的问题，形成各小组的研究课题。（见表5.8）

表5.8　学生围绕"天坛"主题确定的研究课题

课题名称	研究意向
我行我摄游天坛	找寻天坛中的最佳拍照地点，探究将建筑、颜色元素协同、融合的拍摄位置和角度
天坛里的美味	探寻天坛福饮店中饮品、食品名字背后的文化内涵，并依据产品特点，向不同的人群推荐适合的饮品和食品
我是天坛领跑员	结合天坛特点，设计有学校特色的跑步路线，并带领本班同学跑出这条线路
我给古树起名字	寻找天坛中有特点的古树，结合形象、文化，为古树起名字
回音壁的秘密	探究回音壁传声的奥秘，并制作简易传声装置，进一步了解声音传播规律，感受传统文化中的科技

至此，天坛主题就基于学生的视角，历经围绕天坛功能划分两个探究维度、确定研究方向、自主提出问题和确立研究课题四个过程，逐渐聚焦、细化，将活动主题转化为研究课题。（见图5.7）

图5.7　天坛主题思维导图

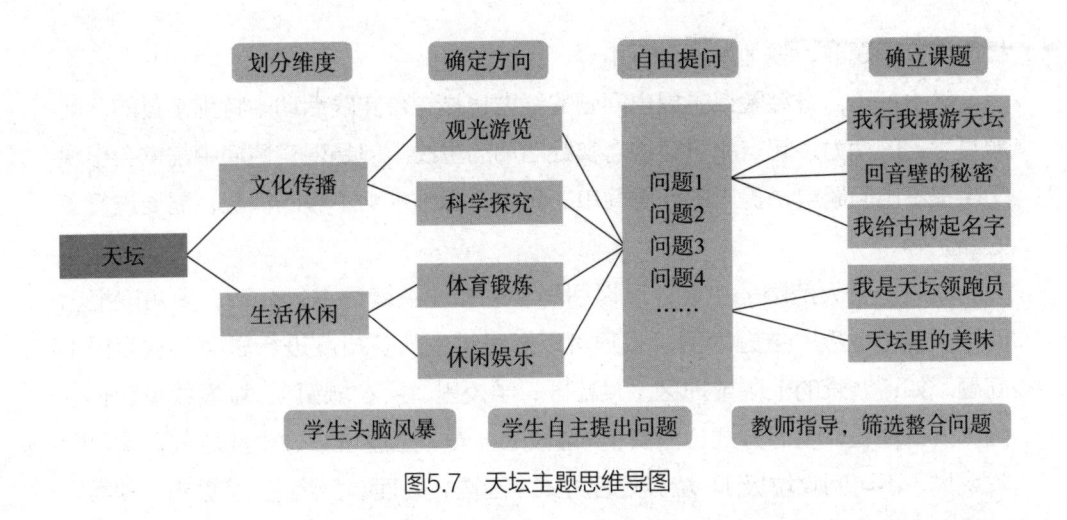

"天坛"虽为学校确定的主题，教师又具体地引导学生将其层层剥开、逐步细化。在拿到年级主题之后，教师引导学生先对"天坛的当代功能"进行分解，打开了学生的思维，并利用一课时进行头脑风暴，看看"学生喜欢什么活动"；经过对学生感兴趣的问题的整理、筛选、合并，逐渐明确了各组学生要开展的课题活动方案。

作为学校的少先队辅导员、综合实践活动教师，于老师也是研究年级主题和编写课程纲要的主要成员之一。年级组教师会集体备课，思考和设计"围绕年级主题，本年级的孩子可以研究什么？""什么活动既能体现研究性又具有可行性？"。于老师的做法关键在于首先着力挖掘年级主题的育人功能，并将其与学生的生活经验、现实资源情况等有机地联结起来。教师和她背后的年级组研发团队、学生等构成了基于这个主题的"学习共同体"。

四、学生提出的问题：如何"深化"

综合实践活动具有"自主性"，提倡尊重学生的自主选择。问卷调查数据显示，在北京市各学校，有将近一成的学生自主提出研究问题。一个不容忽视的问题在于：学生自己提出的问题一定优于教师或学校给定的主题或是教材中的主题吗？答案显然为"不一定"。尊重学生自主选择并不等同于教师完全放手。学生有着参与的热情与主动性，但其知识与经验毕竟有限。更重要的问题在于当学生提出研究问题时，教师如何进行引导。

学生基于自身经验自主提出问题的能力也是综合实践活动中特别常见的。问题是学习的动力、起点和贯穿综合实践活动的主线。但是现实情境中常常会出现学生提不出问题或是提出的问题简单、表浅，思维水平不够的情况，需要进行多方面引导。

面对一个大范围的主题，可以引导学生抓住关键词进行分解，多角度提出问题。以"垃圾"主题为例，教师可以指导学生从多角度进行思考，从而提出问题。如：调查的范围或地区（某社区、学校里、所在城镇）、垃圾数量增长原因（人口增长、生活方式、浪费）、垃圾的种类（工业垃圾、生活垃圾，或可回收垃圾、不可回收垃圾）、垃圾处理方式（运送、处理、焚烧）、垃圾箱（种类、功能、问题、改进）、垃圾污染（环境、人、动物、植物）等。这样不但能使学生提出更多有针对性的问题，而且能有效地培养学生的逻辑思维、发散思维能力，以及全面思考问题的能力。

面对一个物体，可以引导学生从它的外形、特点、作用等多方面去思考，从而提出问题；遇到一种事物，可以从它的起因、现象、影响、结果等多方面去分析，从而提出问题；还可以由它们引发出对其他事物的联想，从而发现相关的问题。另外，在提出问题的起始阶段，教师还可以指导学生使用不同的疑问词来表述自己的问题。如围绕事件的现象、研究的内容可以提出：有多少？怎么样？为什么？怎么解决？面对事物的不同可以提出：有什么关系？有什么影响？还可以根据自己的设想提出假设性的问题：如果……会……？用……方法是否可以……？假如……能……？通过这样的方法支持，学生就会从不同的角度提出想要研究的问题。学习的过程就成为发现问题、提出问题、分析问题和解决问题的过程。学生与教师一起，成为问题的发现者与解决者。

下面的案例展示的是北京市中关村中学徐军老师指导高一学生开展"宣纸的古法制作和现代工艺的比较研究"研学旅行。学生去安徽泾县参加研学旅行前，徐军老师用4课时进行了选题指导。案例由徐军老师口述，研究者进行节选与整理，在案例末研究者对案例进行了整体分析，并绘制了选题过程中学生思维发展路径图。

刚开始学生说："我们就去那儿了解宣纸的制造工艺，体验一下制作过程，了解这种传统工艺、传统文化就行了。"我认为如果这也叫作课题的话，那就不用去了。研究性学习特别强调获得一手证据，而且一定是在这个研学旅行的地点特有的。所以我追问学生："你们好好想想，需要研究一件什么事、解决一个什么问题。这才叫课题。"

学生对实践活动充满好奇，同时又缺乏经验，如果放任学生到复杂的生活情境中去，他们很有可能就陷入零散和盲目的活动中，这是常见的误区。

我引导学生回到对宣纸的了解环节，提议他们可以做文献研究。于是有些学生就去查攻略，查别的游客活动后的反馈。通过查阅材料，他们知道去了之后大概的情境，但是和课题研究还是没搭上，有学生就说："我查查关于宣纸的文献吧。"我说："那不行。从文献到文献没意义啊，跟研学旅行没有关联了。"我问他们："你们自己用没用过宣纸？你们有些什么想法？有没有从中发现问题？"

教师否定了学生"只查文献"的做法，并提示学生将课题与自己的生活经验相联系进行思考，目的是促进知识与学生的生活情境相联结。

这时候两节选题课已经过去了，第三节课时这组学生就拿出自己的课题了，说要研究宣纸的古法制作和现代工艺。理由是"我好像在文献里看见过关于古法制作宣纸的介绍，关于现代工艺制作宣纸的介绍也有，但是不全面"。我再追问原因时，学生告诉我他们这几个人都是书法小组的，书法老师也会给他们讲一些宣纸的特点，提起过在宣纸、报纸和普通纸上写字时墨的渲染程度是不一样的，他们对宣纸印象特别深刻。其中有两个学生的家人一个是做收藏的，一个是搞书法的，于是这两个学生就知道宣纸是特别讲究的。古法制作的宣纸和现代工艺制作的宣纸工艺差异特别大，价钱也差很多。

在教师的引导之下，课题已经跟学生的生活经验相联系并进行了重组，学生发现了新的问题"两种制作工艺的宣纸价格差别大"。

没想到学生的注意力全集中在"价钱差特别多"这件事情上了：古法制作的纸贵，现代工艺制作的纸便宜。课上有的学生就开始说"以后练书法要拿贵的纸写字，那样字才好看"，其他学生有的附和、有的批判，课堂一下子乱了。

知识与情境发生了重组后，学生的思路跑偏了。

我赶紧打断他们的讨论："你们说的是个价值观的问题，我现在要问的是：

古法制作的纸为什么贵呀？道理呢？"学生说因为古法制作的工序很复杂，说正好"这次要去的那个宣纸造纸厂，既有现代工艺制作的纸，也有古法制作的纸"，我感到很惊讶，问学生从哪儿得知的，学生说是我让他们查攻略的时候，他们看到评论区的留言知道的。

学生从他人那里获得的"二手"知识被灵活地运用起来，这一知识也是教师所未知的。教师并不是知识的唯一来源，体现了综合实践活动的开放性。

经过几次反复讨论，这个题目基本确定了：先比较古法制作和现代工艺制作的不同，然后分析为什么价格差别如此大。选题一共用了四节课。这时候我提示学生去查文献，确认是否有其他人做过这个课题，后来查知网后发现没有人做过这样的比较研究，这个课题才正式确立下来。

在这个课题的确立过程中，学生最初提出了去"体验、参观"和"查文献"两种思路。这两种思路代表了两种非常典型的误区倾向：前者只有粗浅的"活动"，后者只有单一的"知识"学习，两者之间并无联结。教师不但指出了这两种做法的错误之处，并且给出了两个关键的指导建议：

第一，查阅攻略，补充背景知识。攻略中既有关于旅行地的知识，也有他人积攒的知识。学生通过查阅发现旅行地有古法制作和现代工艺制作两种生产过程，都能体验。这对他人可能是直接经验，但对学生仍然是"二手"知识，它们在学生头脑中是静默的、搁置的。

第二，联系生活经验。通过回顾自己写书法的经验和家长的介绍，学生思路聚焦到宣纸工艺上。他们听说也初步感知到古法制作和现代工艺制作的差别大，价格差别也大，于是提出想研究宣纸的古法制作和现代工艺制作的不同。在这个过程中，学生头脑中关于宣纸的各种知识与学生的经验发生了联结、重组。

在上述过程中，学生过于关注两种工艺的价格差别，教师给予了及时引导。在研究宣纸的古法制作和现代工艺制作的不同这一现实任务的驱动下，在学生头脑中静默的、搁置的知识（"旅行地有古法制作和现代工艺制作两种生产过程，都能体验"）被激活，学生的研究课题初步确立下来。教师指导学生再次查阅文献，核实该课题是否曾被他人研究过（有现成知识），经查实，课题的独创性得到了证明。

这一选题过程中的学生思维发展路径如图5.8所示。整个过程正是因为有了教师及时的、准确的指导与点拨，学生从开始的"活动""知识"零散无序状态发展到实现两者之间的联结。

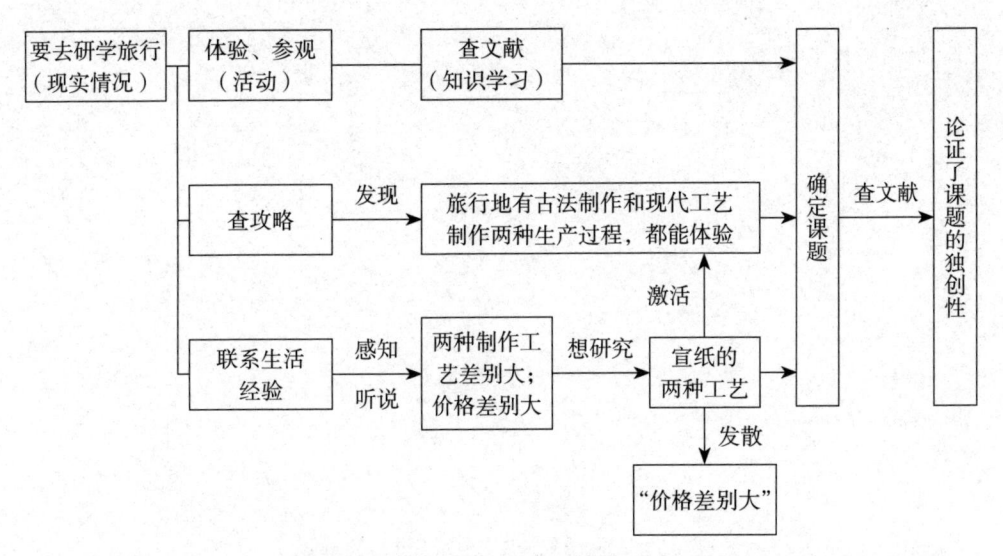

图5.8 "宣纸的古法制作和现代工艺的比较研究"课题确立过程中学生思维发展路径图

第六章

综合实践活动的教学过程

作为一门面向学生真实生活的跨学科实践性课程，综合实践活动与学科课程在课程结构中并列设置、相辅相成。一般意义上，人们常会认为综合实践活动侧重"行"、学科课程侧重"知"，实际上综合实践活动重"行"但仍以"知"为基础，学科课程重"知"但对"行"不应偏废。两者之间并非二元对立、此消彼长，只是各有侧重，因此应相互补充。

从综合实践活动的教学过程来看，它既强调"知识"，又注重以探究体验等为特征的"活动"，既讲究跨学科思维运用的"学"，又彰显身体力行之"习"，是"学"与"习"、"知"与"行"的链接与交融。其本质为"活动"与"知识"多轮互动、相互促发，在考察、服务、制作、体验等活动中综合运用知识解决问题。好的综合实践活动恰恰是"知行相须"，即"知识"学习与"活动"互相联结与促发的过程。

何为综合实践活动之"知"与"行"？教学过程中"知"与"行"如何互动融合？教学的机制和步骤是什么？本章结合具体教学案例，解析具体教学过程中实现"知行相须"遭遇的实际困难，探寻实现"知行相须"可能的途径与策略。

第一节

认识上的困惑

综合实践活动中教与学的形式、内容都发生了诸多变化,学生常常需要从常规的课堂教学迈入广阔的生活世界,该如何保证教育的品质?好的综合实践活动的教学过程是什么样的?对综合实践活动的教学实施过程存在哪些认识上的困惑?

一、"知识"如何进场

综合实践活动的教学过程注重"活动",但并不偏废"知识"。通过访谈和课堂观察发现,对综合实践活动教学过程的认识常常存在一些片面看法,例如"综合实践活动就是学生走出去搞活动""综合实践活动中实际体验比知识更重要"等。在教学过程中,知识该如何发挥作用?在两所案例学校围绕此问题进行访谈时,老师们谈出了自己的困惑和想法。

L老师对活动中"给"学生知识的量和"给"的方式表示困惑:

我特别想问,一个主题里到底给学生多少(知识)?我原来教过舞蹈,一个年级教几个音符都有特别严格的标准,那现在我们这个研究主题,比如"设计过山车",学生利用给定材料来设计一个过山车,这里面那么多知识学生都不知道。我备课的时候目标感不是特别明确,怎么确定知识的"分寸"真的说不清楚。另外一个问题,怎么给?能不能像科学课那样直接讲给学生?……

W老师也表达了类似的困惑:

我们自己上课的时候,就觉得这主题到底讲到一个什么程度呢?依据是什么呢?一个主题里面融合了音乐、体育、美术、科学、语文、数学甚至英语,抛开我自己知识上的短板不说,到底如何把握这个分寸?……

这些"知识"该以何种方式"给"学生?鸟巢学校高中部X老师的看法如下:

知识得要学生自己去学,自己去查。文献检索和文献研究这两个能力他们得自己掌握。课题里面的很多专业知识老师也没办法全部掌握,我顶多给他指出用哪个网页去查找，或者帮他们查几篇文献，让他们自己去提炼。他们得自己去读，读不懂我可以带他们一块儿读。

X老师强调了学生自主学习"知识"的职责及其与教师指导的关系处理问题。实际上简单将各种"知识"胡乱拼凑的做法同样大有人在。主要有两种表现：一种是局限于跟主题相关的背景知识的学习，这种做法较为常见；另一种是过于强调科学研究和实践学习方法。

在鸟巢学校观摩五年级"走进中轴线"结题展示课时，学生分为五个小组，分别展示了"巧手画天坛""说天坛历史""天坛有关的诗歌""天坛中的数学"等前期实践活动中的学习成果，各学科的知识被融合在一起。对学校Y老师进行访谈时，她就当时该课的情形说道：

校长总不满意，总说学科味儿太浓了。我觉得到目前为止，虽然学校也说要增加一些实践活动方式，但是我看老师们实施起来最后还是变成了填学习单，然后学生进行小组汇报。

Y老师还向研究者介绍了上学期的社会实践活动经历：

上学期六年级组织"走进世园会"活动，不过有学生来找我抱怨，因为各个学科教师都给学生出了一页学习单，半天活动他们得填18页的学习单，把这些学习单订一起形成了一本手册。

这一做法的误区在于将主题相关的知识进行了简单堆砌。"活动"的表现形式多为以各种知识为载体的课堂交流活动，张华认为这样会导致学生仅满足"上网查资料"方式，将活动简单化（张华，2019）[11]。柳夕浪认为实践活动不是一种刻意的拼盘，而是随着实际问题的提出，研究进程不断深入、解决问题的过程。（柳夕浪，2018）他曾以"中秋"主题为例，介绍在语文课学习相关绘本故事，数学课认识太阳月亮等天体大小关系之类为综合而综合的做法。夏雪梅曾以"昆虫"主题为例说明"假探究"的表现——不同学科做"昆虫"主题拼盘，如阅读、绘画、表演等。（夏雪梅，2017）从本质上来看，这些活动缺乏对社会生活的真正调查研究和体验，这种纯事实的研究将学生引入发现科普知识的误区，活动蜕变为在喧闹背后"找寻已有答案"的单调行为。（钟启泉等，2003）

另一种是沉迷于对科学研究方法的传授，陷入"模式化"境地。沉迷于对学生进行科研方法传授，教学过程演变为选题、计划、展示、汇报等机械的、形式主义的模式，而忽略了对学生真实实践与现实体验的关切，使得学生对问题的探究、对生活的感悟成了"科学研究方法"的附庸，教学过程变成了"科研方法的拼盘"。

二、"活动"是否越多越好

综合实践活动以"活动"为主要形式。它不是用"上课"方式去"教"学生，而是组织学生去探究、服务、制作、体验等，真正让学生"做起来"，强调学生亲身经历各项"活动"是它与学科教学的明显差异。该如何正确理解"活动"？活动的形式越丰富、活动的场域越广，教学效果就越好吗？

天坛小学的J老师对"活动"的理解如下：

一提到"活动"，从语文老师的角度来说，就是到外面搞活动。"活动"就是多样多种的形式。再与"综合""实践"组合在一起，我觉得就是得到外面去动起来，学生得实践，得到社会中活动，而且形式最好丰富一点、多样一点。

她指导五年级"竹笔研究"课题小组的学生访谈时，学生谈道：综合实践活动得自己去做调查，自己亲身体会，不是背公式，得自己推理。语文课大部分老师主讲，（这门课）都是我们自己发言，我们小队上台讲。其他组让我们增长了知识，知道了更多的诗句，知道了竹纤维，这些都是课本里学不到的。

在综合实践活动中脱离知识、"为了探究（活动）而探究（活动）"的做法大有人在。许多学校活动仅有形式、没有内容，表面轰轰烈烈，丰富多彩，但却缺乏对知识的统整和综合运用。（钟启泉，2008）[145]

2017年教育部颁布的《中小学综合实践活动课程指导纲要》将党团队德育教育活动纳入综合实践活动范畴。有些学雷锋德育教育活动，或一些学校开展的爱国主义教育活动，其中不乏表面化、走形式的问题。2016年教育部等11部门联合印发《关于推进中小学生研学旅行的意见》，将研学旅行纳入综合实践活动。不少学校开展了研学旅行活动，研学旅行活动如何兼顾"知识"与"活动"，如何实现基于社会资源的"研究性学习"与"旅行"的融合？这同样是个严峻的问题。

三、"评价"评什么

综合实践活动课不应以知识技能掌握情况为内容,那么评价内容该侧重哪些方面呢?学生常常以小组活动为单位,那么评价的时候是评小组还是评个体呢?这些现实问题使得教师备感困扰。

访谈鸟巢学校兼职教师C老师时,她表达出对课堂教学评价问题的畏难情绪:

我们这学期开展过"垃圾分类"和"健康生活"两个主题,课上学生找来了很多材料,内容非常多,他们先做小组交流,到了点评的时候我就很困惑,不知道该怎么说,也不知道评哪些方面。课下学生活动的情况更不好评。要是对比英语课,我就会给出很有针对性的建议,但是这门课的评价我就不太会。

谈到评价问题,鸟巢学校的M老师也是满腹困惑:

评价最头疼了,太难搞了。得抓得特别细,比如汇报评价就不能评价小组,必须评价个人。小组每个成员都要有展示。你不让所有人去汇报,你就不知道学生实际做没做,发现不了学生之间的差异。有的学生会来抱怨,说组里同学根本不干事,为什么得一样的分……

研究者整理鸟巢学校教师提供的主题活动资料时发现了一份这样的评价表格,如表6.1所示。

表6.1 小组活动互评表

班级:　　　　　　汇报小组:　　　　　　评价小组:

评价项目	评价标准	评价等级		
		3	2	1
研究主题	小组主题与活动中大主题相符			
	小组主题明确,汇报内容围绕主题展开			
人员分工	小组活动分工明确			
	汇报时,每个人都进行展示和汇报			
研究过程	过程明确,按照顺序进行汇报			

续表

评价项目	评价标准	评价等级 3	评价等级 2	评价等级 1
研究方法（六选三）	调查问卷：有统计图并对调查结果进行分析			
	访谈：突出访谈重点，进行内容归纳和总结			
	动手制作：小组成员用心进行制作，制作过程分工明确 *对制作物品的打分参考制作的难易程度以及物品的质量			
	查阅资料：没有照读资料，并对内容进行筛选 *汇报形式多样者得分高			
	实地考察：将小组的活动介绍清楚，汇报时加入对本次活动的总结和反思			
	实验法：讲清实验步骤，得出实验结果			
研究成果及感受	小组将活动成果进行总结和归纳			
	汇报小组成员自己在活动中的真实感受			

这是在活动中非常常见的评价表格。该表中列出了评价项目和具体的评价标准，并由不同小组之间互相进行评价。从评价项目看，看似关注了活动的全过程、各环节，也有具体的指标，但是从表格中很难还原学生在活动中的实际表现，例如学生主题选择的过程是如何实现的，小组合作过程中是否遇到问题、是如何解决的，研究方法的使用和掌握过程有哪些提高，获得了哪些体验和收获。运用这样的评价表与学科课程常用的纸笔测试并没有根本区别，学生难以获得关于学习过程的反馈，更难以为成长提供可借鉴的经验与依据。

研究者还发现一份学生考核方案：

> **资料链接：鸟巢学校三年级综合实践活动期末考核评定方式**
>
> 一、考核内容
>
> （一）笔试部分（40分）
>
> 以问卷调查法为核心。考核内容包括调查对象的选择、提出符合需要的问题、开展调查、数据统计、得出结论等。主要考核学生在活动中发现问题、解决问题、整理信息、进行交流的能力。
>
> （二）实践部分（50分）
>
> 以设计制作为中心，重点考查学生进行创作、创新和小组合作的能力。
>
> 实践部分评价标准：
>
> 1. 能在规定时间内完成设计制作（5分）。
> 2. 制作内容符合主题要求（5分）。
> 3. 小组合理合作，完成作品，对作品有所设计，成果中没有明显的错误（20分）。
> 4. 制作美观、新颖（10分）。
> 5. 能够以小组为单位进行作品展示，发现、反思制作中的问题（5分）。
> 6. 认真倾听他人的建议并予以回应（5分）。
>
> 二、考核方式
>
> 方式：笔试和实践考核相结合，日常表现评价与终结性评价相结合。
>
> 分值分配：期末成绩满分为100分。其中实践考核成绩占50%，笔试考核成绩占40%，平时活动成绩占10%。分为优、良、合格、待合格四个档次。

学校采用纸笔测试与实践操作相结合、日常表现与期末考核相结合的测试方式，看起来是合理的。但实质上这种做法是值得深思的。一方面，学生对"问卷调查"和"设计制作"两种方法的掌握应用情况难以通过简单的标准短时间内做出判断，这一做法实际陷入了前述迷信"程序性知识"的误区。另一方面，这种做法违背了发展性评价的导向。综合实践活动评价不是要给学生做出学习情况的诊断或是简单地给学生成果进行打分或划分等级，而是通过对学生的活动过程做写实记录，注重个体的纵向发展，记录学生成长轨迹，引导学生自我总结和反思、积攒经验，获得更好的发展与成长。

第二节

教学的机制

"好"的教学过程的发生机制是什么？教学过程是"活动"与"知识"积极互动的过程，两者缺一不可。"活动"形式尽管多样丰富，但同样须以"知识"为基础；"知识"发挥基础支撑作用，但仍要与"活动"相对接。教学过程中"知识"与"活动"的关系如图6.1所示。若将综合实践活动中的学生比喻为在土壤中生长的植物（图中以箭头替代），"知识"（位于第一层）和"活动"（位于第二层）都是土壤必不可少的成分。按照土壤的组成将整个成长空间划分为A、B、C三个区域。B区域里"知识"与"活动"合为土壤，共同发挥作用，滋养着植物茁壮成长。A区域里只有"活动"没有"知识"，犹如无根之木。C区域里只有"知识"没有"活动"，成了无花之果。与之相应，教学评价的过程应遵循发展性、激励性原则，对学生成长过程进行观察、记录和分析。

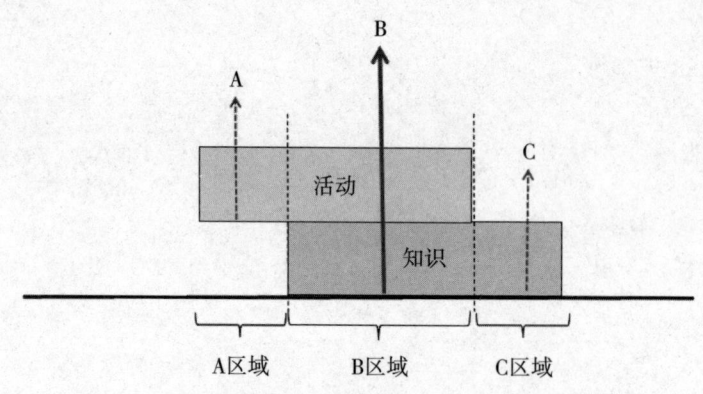

图6.1 综合实践活动中"知识"与"活动"的关系图

"活动"与"知识"之间是如何互动的？访谈时有两位不同的访谈者把教学过程比作"泡茶"和"出口"的例子让研究者记忆犹新。东城区教研员张磊老师这样描述她对学习过程的感受：

学生有个任务驱动，在这个基础上把他的体验调动起来，把知识融进来，教师利用自己储备的东西带着学生一点一点地将这个活动自然展开，渐入佳境，就跟绿茶茶叶到了水里面，温度够了，水分够了，自然舒展成它的整体面貌……

而访谈中有的老师对此却是满满的困惑与疑问：

综合实践活动对学生来讲是一个更高的学习要求。因为它需要解决的是一个现实中的问题、综合性的问题，各种各样的能力都要体现。它是给了学生一个他学习的东西的出口，但是学生怎么能出这口？是随随便便的吗？给个话题然后放手就行吗？……

上述两个访谈情境中"泡茶"和"出口"的比方讲的都是教学的过程：如何把"知识"融进来？如何促使"活动"自然展开？什么叫"渐入佳境"？从"出口"出去的过程是怎么完成的？……这些问题直指教学过程的本质。以下结合两个案例的分析来说明"知识"与"活动"是如何联结互动的。

一、案例分析

（一）"青铜器的研究"案例及分析[1]

"历史不是故纸堆，活起来才会有更多的孩子喜欢和传承。"在访谈的最后，朝阳区外国语学校杨宇琨老师说。下面的案例来自对杨老师的访谈实录（杨老师话语见本节下文楷体部分，括号内为研究者的评析）。

起因：有个老师要做课，拿我们班试讲道德与法治课时提到了青铜器相关内容，上完后我们班学生有很多问题没搞懂，一直在问，道德与法治老师自己没法解答。学生又来问我，有的也没法解答。于是学生问：老师，综合实践活动课不是可以自主选题吗，我们可以研究这个吗？于是第二周就开展了"青铜器研究"主题活动。（综合实践活动课使得学生在学科课程上学的知识有了进一步延伸的可能。）

选题：当时先是把所有学生想的问题全都列在黑板上了（见图6.2），板书写得非常多，把问题挑选了一下，有些问题特别简单，一查就能得到答案的就删除，或跟别的合并。记得当时分了几个组，有的组"就想知道伯矩鬲是怎么回事"，其他的有"青铜编钟（曾侯乙编钟）""青铜花纹""青铜兵器（越王勾践剑、吴王夫差矛）"等小组。那时候学生制订计划的能力不是特别强，所以各组简单想了一下，课上交流了一下计划和方式。

---

[1] 案例由北京市朝阳区外国语学校杨宇琨提供，刘玲指导与修改。

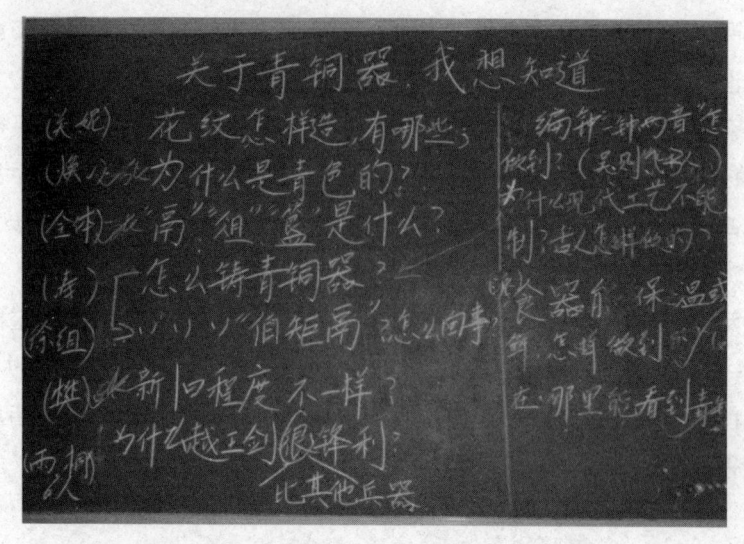

图6.2　综合实践活动课"青铜器研究"板书

查资料：出现的问题是学生不认识的东西特别多，有一个小组去书店买了一本青铜器专业方面的书，买回来之后看不懂，学生大概用了两节课的时间探讨该从哪些方面入手查资料，什么样的内容是适合小学生的。当时他们发现了一本杂志，讲青铜器是怎么翻模的，讲得非常有意思，还有一个纪录片《再说长江》。最后学生自己总结出来：以后自己在表达想法时应注意怎样才能被理解得更好，例如可以用图文解释的形式。所以我们那两节课之后学生很快上手了，因为那时候电脑不是特别多，他们拿我的电脑查的，知道了很多关于青铜器的知识，例如青铜器在中国开始铸造的历史、青铜器的铸造方式、著名的青铜器物等。

这一过程中学生有两方面的知识得到增长：一是习得了若干关于青铜器的陈述性知识，为后续活动补充了必要的背景知识；二是总结出了如何选择适合自己的阅读材料——"应该用适合的、易于别人理解的方式，如图文并茂、解释性的方式来表达自己的想法"，这些新知识属于程序性知识，而且是学生在活动过程中因为受挫而不断总结出来的。

下一步：去博物馆是下一个阶段，我觉得是他们查完资料之后学到了一些知识，然后就想要去践行。研究一件器物的就是伯矩鬲那组，查完资料后说伯矩鬲就在北京，就在首都博物馆，就心心念念要去。另一种情况是他们从书本上查的

第六章　综合实践活动的教学过程

这些资料没有解决疑惑，就会自然想去践行、去博物馆。比如"青铜编钟"这个组，一个钟怎么就能够敲出两种声音来？他们找来一本书讲怎么铸造才能这样，结果我和学生完全没看懂。"青铜花纹"那组，书上的图都是比较小的，或者是局部的，看起来很不清晰，只能去博物馆看了。

在查阅资料之后，仍然是受研究任务驱动，学生产生了两种去博物馆的动因：一种是因为好奇心，"纸上得来终觉浅"，想去看看就在首都博物馆的伯矩鬲到底是什么样的；另一种是因为查阅的资料未能"解惑"。

去博物馆：因为没有任何家长能去，我们班家长都比较忙，是我跟学生们一起去的，主要是想再去看看与各自的研究主题相关的器物。

"伯矩鬲"小组：就冲伯矩鬲去的，想看看这个东西到底是怎么回事儿。首都博物馆有那种触屏式电脑，能看到放大的样子，学生还向那儿的工作人员问了些问题。那儿有一个铭文的解释，孩子读完后再一想其他几个组的主题，如曾侯乙编钟、越王勾践剑、吴王夫差矛，突然一下好像发现新大陆一样特别激动地跑过来跟我说，这些东西命名都是一个模式：器物的主人+器物本身的名字（实际文物命名方式还有别的方式，但是当时学生发现了这种）。其实这个知识是一直存在的，但学生之前没有发现，通过活动他们发现了。他们之前只知道伯矩鬲在北京的首都博物馆里，那天他们发现这个就出土于北京，其实很多书上没有把它当作一个知识点或者是值得一提的东西，但学生发现后，觉得很新鲜、很有趣、很兴奋。（这一小组到首都博物馆是因"纸上得来终觉浅"就想"看个究竟"。在活动中，一方面，他们对伯矩鬲有关的知识得到丰富和深化。另一方面，在针对器物铭牌简介的观察活动中，他们想到其他小组的研究主题名称，就联结起既有的经验，"生成"了新的知识，了解了文物命名的常见方法。这一知识本来是客观存在的，但经由实践过程他们自行总结、习得了知识。）

"青铜花纹"这组看起来问题很简单，好像看了资料就能直接有答案，而且已经有比较成熟的专家结论。但他们这个组参观的时候是走得最慢的一个小组。他们逐一地端详圉方鼎、三羊铜罍、见簋、堇鼎、伯矩鬲……。因为器物上不可能只出现一种花纹，那各种各样的花纹到底是什么？都要自己去查证。但是一个器物上花纹到底分成哪些类别？这个问题让这个小组的整体研究处于一个非常"着急"的状态，因为对同样的纹样每个人查到的文献资料里专家给的分类不一样。其实各种学派的都有道理，他们组就想梳理成按一种标准的。而且他们组在做的过程中其实是将问题进行引申了：青铜器的花纹在现在生活中还有没有运用？能不能看到它的影子？我记得当时这组找的最明显的例子就是，20元钱的新人民币上有青铜器的饕餮纹。（这一组学生对首都博物馆的鼎、簋、鬲、剑等器物的花纹纹样逐一观察、辨识，并将其与他们查询的史料进行比较、辨别，虽然学生最终并没有实现预期"梳理成按一种标准的分类"目标，他们"更像是综合采用，剔除掉互相矛盾的"，他们原有的基于文献的陈述性知识在实践中进一步丰富和拓展，被他们加工、重组和综合运用了。同时他们主动地建立起通过活动获取的知识与生活之间的联结，找到了知识在生活中的应用。他们的学习是深入的、生动的。）

"青铜编钟（曾侯乙编钟）"小组：看的实物。一个钟怎么就能敲出两种声音来，看书没看懂，结果就跑去首都博物馆，那里有个互动电脑。然后再问博物馆的人员。道理其实特别简单，与能敲出不同音的地方的花纹有关。比如敲上面的花纹，它是一种声音，敲下面的又是另一种声音。（这组研究带着直接的"解惑"的目的，书上没看明白的文字到现场通过观察和多媒体讲解，学生一下子豁然开朗。"活动"成为学生解决知识困惑的直接途径。）

结合文中对案例的分析，将学生实践过程中"知识"与"活动"互相演进的过程绘图表示，如图6.3所示。

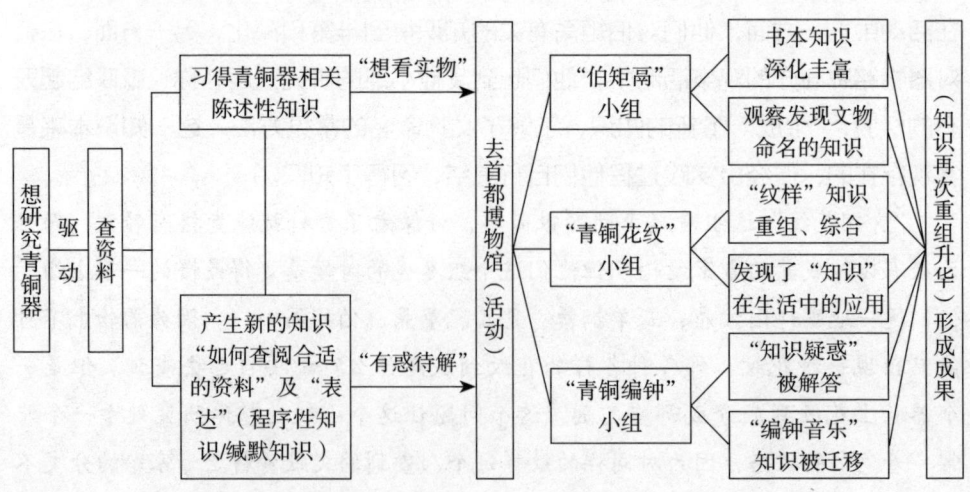

图6.3 "青铜器研究"主题中学生"知识"与"活动"互动关系图

（二）"自助浇花工具的设计制作"案例及分析[1]

"我这个工具现在都是3.0版本了。您那会儿听的时候是1.0版本，后来我在原来的基础上，补充新鲜的知识和材料，把这个工具进行升级改造，从刚开始用剪刀、锯子做，到现在已经实现智能控制了。"访谈时，北京第二实验小学朝阳学校庄重老师非常自豪地跟研究者分享了他带学生在"自助浇花工具的设计制作"主题里的新进展和学生后续制作的作品的图片、视频。研究者结合这个案例对他进行了两次访谈。根据访谈转录资料、课堂观察情况，以及教师的教学设计对案例做如下分析。研究者还绘制了该案例的"知识"与"活动"互动关系图，如图6.4所示。

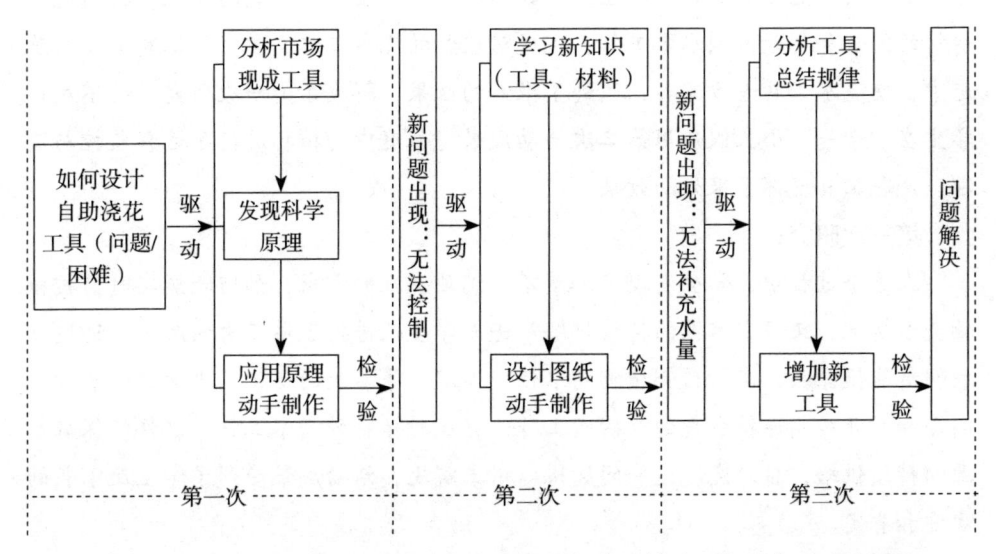

图6.4 "自主浇花工具的设计制作"主题中学生"活动"与"知识"互动关系图

第一次研究：

学生发现班级绿植每学期期初长势茂盛，常常到期末就枯萎了。通过讨论发现家中也常有这种现象。他们认为是日常缺乏照顾、无人定期浇水造成的，如何设计一种浇水工具能为班级（家庭）中的绿植进行自动浇水？

---

[1] 案例由北京第二实验小学朝阳学校庄重提供，刘玲指导与修改。

学生以小组为单位，通过网络、书籍、电视等多种途径查找相关科学原理与制作方法的资料。根据学到的毛细现象、虹吸原理等，学生运用剪刀、锯子等对废弃的塑料瓶等进行加工，开始了第一次劳动探究，制作了多种浇水工具。

在课堂上进行了应用和实践后发现：这些工具对在一定时间内持续为植物浇水起到了作用，但是无法达成根据植物的实际情况（是否缺水）进行实时操作控制，同时如果在假期中是无法了解植物生长状况的。

第二次研究：

如何能既实时控制浇水情况，又远程了解生长情况？结合这一新问题学生又开始了探究。学生借助多种实验器材设计制作了远程控制（监控）浇水工具。即：通过互联网智能摄像头来实时监测植物的水位、温湿度等参数的变化。再通过干簧管的闭合和打开控制水泵工作，完成对植物的浇水工作。学生在不断调试与改进中，使浇水工具逐步完善，达到了很好的效果，解决了第一次研究中的不足。学生在"十一"小长假应用第二次活动成果对家庭中的植物进行了远程监控与浇灌，浇花工具发挥了很好的效果。

第三次研究：

在这个过程中，学生发现了水量不能满足浇灌的需求，如何既能实时监控植物浇水情况，又保证水源的持续供给？进而学生又进行了第三次的改造。通过互联网智能摄像头，实时监测植物的水位、温湿度等参数的变化，再通过干簧管的闭合和打开控制连接水管的电磁阀工作，完成对植物的浇水工作。这样能保证水源的持续供给，自助浇花这一问题得以根本解决，活动成果受到了学生及家长的欢迎和肯定。

如图6.4所示，这一案例解决的过程生动地体现了"知识"与"活动"多次互动从而解决问题的过程。在发现班级绿植生长不良的问题之后，学生先对市场上现成的浇花工具进行分析，学习其中蕴含的科学知识和原理（知识），在此基础上运用和迁移所学到的知识来制作，制作过程中还运用了其他知识（如何使用工具、如何搜集资料等）。

制作好的浇花工具投入使用后很快又产生了新问题——无法控制。开关和控制如何实现？学生在教师的指导下学习控制的工作原理，了解工具和材料，再做设计方案。通过互联网智能摄像头，实时监测植物的水位、温湿度等参数的变化，再通过干簧管的闭合和打开控制水泵工作，完成对植物的浇水工作。这些知识远远超过学生已有的知识，正是由于"活动"驱动、问题解决的需要，学生不断地学习新知。后来又遇到新的问题：水箱的水是有限，如何解决这一问题？教师引导学生分析"做水泵的时候干簧管的作用怎么体现"，帮助学生发现背后的规律，由此迁移原有的知识，学生想到了用电磁阀来保证水源的充足性。任务驱动着学生主动调用已有的经验知识，并激发学生学习新知、应用新知，这样经过多个回合的问题解决过程，浇花工具的改造就完成了，自助浇花的问题得以解决。

二、教学机制

教学过程中"活动"与"知识"不可偏废，本质是"知识"与"活动"多轮互动，即知行相须。综合案例分析，将学生在综合实践活动中的学习机制绘图表示，如图6.5所示。

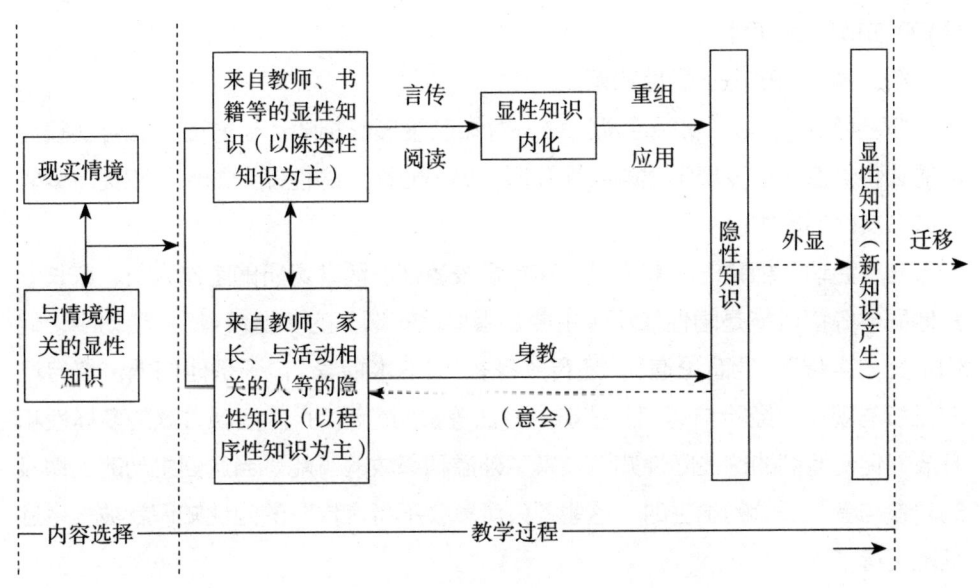

图6.5 学生在综合实践活动中的学习机制[1]

---

[1] 该图的绘制视角仅为学生个体的学习过程，未说明同伴间互相促进的过程。在综合实践活动中，因常以小组为单位活动，同伴影响实际上非常重要。在此补充说明。

（一）两种形态的"知识"在"活动"中被内化、重组

综合实践活动的学习过程不再局限于课本、教师和课堂，而是受现实任务的驱动，要打破既定的学习空间，在学校的教室、校园以及校外场所等开展各种形式的"活动"。

第一种知识形态：显性知识[1]。

与主题相关的显性知识是活动的前提和基础。显性知识获取的水平和深度直接影响活动效果。学生通过多种途径和方式主动获取显性知识（主要是陈述性知识）。例如：来自教师对课本的课堂讲授；来自学生自主阅读的书籍、查阅的各种网络电子资源，以及利用各种可能的途径所获取的资料。它们以外显的知识状态存在。

因为现实问题解决和"活动"需要，学生在"活动"中内化了这些知识，将其转为自己的隐性知识。在综合实践活动中，由于学生是"对结果高度关注，并与之休戚与共"的"参与者"，他们主动获得显性知识、隐性知识的过程中，生成新的知识变为可能。

第二种知识形态：隐性知识。

"隐性知识"与"实践活动"如一对知己般形影相随。一方面，综合实践活动的独特价值在于发展学生的隐性知识。另一方面，隐性知识的习得和提取紧紧镶嵌在实践活动中。

与"活动"相关的所有人员，包括学校教师、活动场所的工作人员、家长、其他同学等都可能是隐性知识（主要是程序性知识）的"携带者"。活动中，他们不光"言传""坐而论道"，还得"身教""下水指导"，于是他们携带着自己的见解与观点、经验与窍门、技能与方法等参与"活动"，活动方式的多样性和开放性促使他们的这些隐性知识具备了外溢和释放的可能。当遇到主动的、积极的"参与者"身份的学生时，这些"只可意会不可言传"的隐性知识就被学生逐渐地习得了。

---

[1] 本研究采用"显性知识/隐性知识"这对概念，与之表达接近的还有"明确知识/默会（缄默）知识""理论性知识/实践性知识"等。因在访谈中多名教师采用"显性知识/隐性知识"的表述方式，因此沿用此对概念。

（二）重组后的隐性知识被提炼、外显、迁移成新的知识

无论是从显性知识转化而来的隐性知识，还是学生直接意会、深化的隐性知识，都蕴含着巨大的智力价值，他们可能会升华、提炼这些知识使之"外显"，成为新的显性知识。"实践出真知"强调的就是这一过程。所谓"真知"就是隐性知识被升华和外显后的新知识。

综合实践活动课鼓励教师指导学生进行专门的总结交流课的用意就在于此。学生把活动过程中的感受、感悟，以及取得的研究成果进行梳理，形成成果，目的就是把积攒的隐性知识进一步显性化，生成新知。

在"活动"中可以发现事物表面现象背后的规律。以"宣纸的古法制作和现代工艺的比较研究"案例为例，北京市中关村中学的徐军老师说：

学生一开始只是从价格上来发现两者（古法制作的与现代工艺制作的宣纸）有差异，听那些书法家说两者效果差异很大，也听说过古法制作的宣纸能把墨分出五层来，于是他们自己去做调查，实地考察，也通过做实验，搜集的各种证据证明的确是这样的。而且证明这个现象背后的知识点是"碱或者漂白粉破坏纤维结构"。如果学生不在这个活动中获得这个知识，学科课堂上是不会讲的。生物学课上老师根本不讲。化学课虽然讲漂白粉和纯碱，但只讲分子，物理老师就更不会讲。那些知识根本解决不了这些实际问题，所以为什么有材料学，就等于他把这些东西都综合起来了。

第三节

教学的步骤

从教学步骤来讲，包括提取核心概念、确定核心问题、设计实践活动、组织教学评价。

一、提取核心概念

当选择一个主题之后，如何确保教学过程能引导学生向思维的更高水平发展？博斯（S. Boss）和克劳斯（J. Krauss）指出"项目规划的第一步，就是确认我们所教授的概念"（博斯 等，2020）。综合实践活动涉及多学科知识的交互、重组及综合运用，尽管它不像常规学科教学中那样有严密的知识逻辑（更便于提炼核心概念），但这并不代表它没有知识基础，更不能说它无法确定核心概念。恰恰相反，综合实践活动更强调知识统整与概念提取。这是因为：

- 综合实践活动涉及多门学科知识的组合运用，知识广度太大，客观上需要提升到更高的抽象程度以加深理解。通过"概念"统领，能将分散在多学科中的知识、技能、观念等围绕主题进行有意义的组合和聚焦。

- 一个主题往往实施起来周期较长，需要课内外相结合，如果不就追求主题本质意义的"概念"达成共识，容易陷入单纯活动导向的浅薄化、表面化的境地。

- 参与教学的教师们通常不太熟悉别的学科的知识、技能概念等，在实现知识整合、重组的过程中，如果无法就提取供学生理解和应用的概念达成共识，那指导学生学以致用、实现迁移就无从谈起。

- 综合实践活动多以实验、制作、调查、讨论、分析、服务、探究等形式开展，在过程中习得并巩固这些技能形式，这类程序性知识只有在概念性理解的层次上，迁移才可能会发生。

- 综合实践活动中，学生常常需要跟社区人员、家长等多元主体进行互动，常常需要协同多方人士解决问题，这种跨文化交流的过程本身也需要学生进行知识统整。

在设计实践活动时,要以"核心概念"为牵引,保持一种高瞻远瞩和自觉省思的态度:这热热闹闹、林林总总的实践活动背后该蕴藏着怎样的思维方式、强调哪些思想观念的体认和领悟?丢掉这一点,就好比丢掉了一个主题的初心与灵魂。

主题与概念之间的关系相当于材料与观点之间的关系,概念是超越具体的抽象,并发挥统领作用。如何提取核心概念呢?用通俗的话来说,可以把寻求核心概念的过程理解为透过现象看本质的过程。给主题提炼核心概念的过程好比给一篇文章提炼中心思想。主题聚焦的问题是什么?争论的焦点是什么?涉及的论题是什么?表达的观点是什么?育人的功能主要为何?……步步追问、层层推敲,剥出"干货"来。

> ☆ **案例链接:"需求—结构—功能"概念是如何统领"改进泡泡器"主题的?**
>
> 顺义区沙岭学校朱凤莉老师和学生发现:市面上售卖的人工吹泡的泡泡器个头大,但是存在出泡的数量和泡的大小不稳定、出泡持续性不强等问题;现有电动泡泡器吹出的泡泡虽然多,但是个头小,都是单泡,难以满足他们的需求。所以师生共同商议,决定开展一次"改进泡泡器"的主题实践活动,将改进任务确定为改进吹泡方式,放弃人工吹泡方式,专门研究设计改进电动泡泡器来满足学生的需求。
>
> 在确定主题之后,朱老师带领学生分析各自提出的研究问题,以便进一步明确改进任务,学生提出电动泡泡器吹出的泡泡个头要大、出泡时间要长,实现大泡套小泡,泡泡要有颜色,吹泡时要有音乐和灯光等问题。通过分析,要解决出泡个头大、时间长的问题需要确定电机和泡圈的位置关系,泡泡颜色的问题和泡泡液有关系,增加音乐和灯光与电路有关系。
>
> 要实现学生提出的需求就要改变电机与泡圈之间的结构,改进风扇吹风的力度,这样才能解决泡的大小和持续性等问题。朱老师逐渐意识到,只有改变泡泡器的结构才能实现出泡大且时间长的功能,实现了这些功能才能满足学生的需求,这样本次综合实践活动的核心概念也被清晰梳理

出来：需求—结构—功能。确定这一核心概念有利于系统地指导学生运用多学科知识解决图纸设计、结构改进、功能需求方面的问题，提升综合实践活动实践育人的价值，培养学生逐步形成探究意识、创新意识、服务意识。

（案例由北京市顺义区教育研究和教师研修中心王义清提供，刘玲指导与修改。）

上述"改进泡泡器"主题活动由对市面上在售泡泡器的现状和问题分析出发，明确泡泡器改进的多元需求情况：出泡大、时间长、带颜色等。在此基础上，为实现学生提出的诸多需求，教师指导学生对原有泡泡器结构进行反复调整与迭代实验。该案例体现出"基于需求、调整结构、实现功能"的思想，为开展设计制作类主题活动提供了借鉴。

二、确定核心问题

核心概念揣在心里，但能不能将其转化为核心问题或任务，这需要教育者的实践智慧。围绕核心概念所提出的核心问题应该是富有教育性和挑战性的现实任务，由于概念具有层级性、次序性，因此核心问题也相应表现为"问题串"。有时候"问题"呈发散状，问题之间是并列的；有时候却层层递进、步步铺陈。无论"问题串"内部的逻辑关系如何，总的来看，核心问题具有以下特征：应与中小学生的年龄特点、知识水平、实际经验等相契合，既不远离学生基础，又能唤起他们行动的意愿，有能力支撑他们的行动，恰如其分地把握住维果茨基说的"儿童解决问题的实际水平与可能达到的潜在发展水平之间的差距"这一最近发展区。

杜威对此的描述是"一个悬而未决的问题（困难）"，他所提出的"反省思维"五步法的第一步"问题"一词，即为发现和提出问题的过程。问题应当是"悬而未决""亟待解决"的，基于此，真正的探究和思维才有可能发生。类似的提法还有导向性问题/任务、驱动性问题/任务、挑战性问题/任务。

上海市青浦区实验中学徐玲老师在其"青浦'稻'路——生物与环境的关系"案例中描述了其中的核心问题:

基于生物与环境之间的关系,由鱼米之乡的特产出发,立足青浦地区的水稻这一生物,分析青浦地区适于种植水稻的非生物环境因素,继而通过分析气象三要素对水稻产量的影响,引向人类在探索提高水稻产量的过程中的新旧途径的对比,来认识"石油农业"对人体健康和生态环境的影响,从而引出要走"生态农业"道路。跨学科备课过程中发现找到核心问题的过程存在着一个"三级跳":

"第一跳":青浦有水稻,为什么在青浦有?然后到"第二跳":如何提高水稻的产量。提高水稻产量的途径有很多,比如利用科技手段,通过"杂交水稻"技术来提高水稻产量,或通过施肥等人类活动来提高产量,但是过度使用化肥又会出现问题,会影响人体健康和生态环境。于是顺畅地来到"第三跳":青浦发展农业必须要走生态农业的道路。

顺着这样的设计思路,该主题的核心概念和核心问题就串联起来了,具体如表6.2所示,也为后续继续设计学生实践活动提供了思维支架。

表6.2 "青浦'稻'路"主题中的问题串

核心概念	核心问题	具体问题
生物与环境之间的关系	1. 为什么青浦地区适宜种植水稻?	"鱼米之乡"盛产水稻的自然条件有哪些? 青浦发展薄稻米的优势还有哪些? 水稻是一种怎样的农作物?水稻具有什么习性?水稻的果实结构有什么特点?它属于哪种果实类型?我们吃的大米是水稻的哪个部位?大米是怎样获得的?糙米和我们吃的大米(精白米)有什么区别?
	2. 如何提高水稻产量?	非生物环境对生物生长发育有什么影响? 对水稻产量产生影响的社会经济因素还有哪些? 人类活动对生态环境会有哪些不良影响? "水稻+N"生态种养模式的优势及缺陷有哪些? 有没有更理想的生态农业种养模式?

从核心概念出发提出核心问题，重点是做好转化。要尽可能地把学生可能感兴趣的活动、任务代入进去，结合学生的经验和特点进行转化，把概念、原理等放到具体的情境中，引发学生的思考和实践；从抽象的概念思考哪些活动能更好地支撑概念（"观点"），即设计任务群、活动串的过程。

三、设计实践活动

综合实践活动打破了传统的"教师、教材、教室"中心，教与学的形态发生了变化，学生可采用的实践活动方式是多种多样的。《纲要》指出综合实践活动的主要方式包括考察探究、社会服务、设计制作、职业体验等。综合实践活动除了以上活动方式，还有党团队教育活动、博物馆参观等。综合实践活动方式的划分是相对的。在活动设计时可以有所侧重，以某种方式为主，兼顾其他方式；也可以整合方式实施，使不同活动要素彼此渗透、融会贯通。要充分发挥信息技术对各类活动的支持作用，有效促进问题解决、交流协作、成果展示与分享等。

综合实践活动强调学生亲身经历各项活动，在参与各种实践方式中进行"体验""体悟""体认"，在全身心参与的活动中，发现、分析和解决问题，体验和感受生活，发展实践创新能力，倡导让学生亲历多样化的活动方式去解决具体问题。

除了必要的知识学习与训练外，每个综合实践活动主题中可能涉及的活动方式会很多，如观察、测量、统计、考察、访问、计算、调查、设计、制作、查阅资料等。应当根据主题实际情况充分考虑对活动方式的选择。

除了在课堂上要在教师指导下制订活动方案、习得活动方法、交流研究进程、展示实践成果外，也需要在课余时间进行大量实践。为拓宽学生思路，教师可以提供所有能运用的方式供学生选择，使综合实践活动的内涵更加丰富。尽量鼓励学生选择利用所有的感官——视觉、听觉、触觉、嗅觉、运动觉参与学习，亲历各种真实的探究活动，以取得更好的学习效果。在综合实践活动中，学生要开展多样化的实践活动，解决复杂情境下的真实问题，有一些实践活动可能难以在课堂上开展，需要利用课余时间、借助相关资源开展，教师应提前提醒学生做好相关的安排。

应根据学生年龄特点和知识经验情况，逐渐地提高对活动方式的要求。如对小学低、中年级的学生来说，直接放手让学生选择活动方式可能会有一定困难，这就需要教师提供样例，并进行具体、详细的指导。小学高年级和初中的学生在选择活动方式时，教师可以给予学生更大的自主设计空间，并且要求学生在制订方案时要体现严谨性、规范性和可行性。对活动过程中的所有要素要认真研究，如时间安排、人员分工、活动过程等都要仔细斟酌，特别提示学生要考虑活动中可能出现的问题及对策，在完整的活动过程基础上逐步达到详细具体、切实可行。

与传统学科教学以课堂、教材等为载体不同的是，综合实践活动具有实践性、生成性、开放性。不同类型的实践活动实施需要相应的学习材料、工具、手册，这就需要教师根据实践活动类型的不同、实施过程的需求，来做相应的工具（有时也被称为支架/脚手架）开发。

> **案例链接："寻宝宋庆龄故居"实践活动工具的设计与使用**
>
> 在为学生设计"寻宝宋庆龄故居"实践作业任务单之前，我针对作业的形式对学生做了调查，结果显示：相对于摘抄、总结、小报等作业，学生更喜欢用绘画、图表、访谈、调查等实践类形式。所以，在学习单和实践作业设计中，我采用了范例、问题、建议、图表、KWL表格等思维支架，借助多样的学习工具，为学生搭建实践学习的平台。
>
> 在创意设计阶段，学生不知道怎样撰写讲解词，我就采用"范例支架"为他们呈现了一篇讲解词，学生从中了解了讲解词的结构，发现其优点及不足，并且提出改进的建议，提高了自学能力和批判性思维能力。在"创意初体验"环节中，采用"问题支架"的方式，对学生在模拟演练中要关注的重点进行了提示，比如"你们设计的讲解词表述是否清晰？做寻宝任务的路线是否合理？折页内容导览是否符合游览路线？"。这些引导性的问题随着活动阶段自然地出现，在学生体验式学习过程中为学生建好问题链，有效地培养了学生的逻辑性思考能力。在学生开展实践的各个阶段，"建议支架"和"图表支架"无处不在。活动建议小板块，及时补充作业单

中的理论指导，助推活动安全有序地顺利开展，借助表格和图示把握复杂问题的脉络，对学生高阶思维活动，如解释、分析和评价等综合能力有所提升。

此外，为了保证学生活动过程的顺利进行，我还为他们设计提供了阅读写作、认知感受、洞察思维、反思评价等"工具支架"。比如KWL表格（见下表）在活动三个主要阶段中的应用。首先，K是Know，即"我已经知道什么？"，我用于第一阶段实践作业的开始，了解学生对故居和宋庆龄奶奶的认识程度；W是Want，即"我想知道什么？"，我把这部分放在了确定小组主题之前，用来梳理学生的活动思路和想法；L是Learned，即"我已经学到了什么？"，我将这部分表格放在实践活动之后，让学生在整理收获时填写完成。KWL表格帮助学生设立了清晰的活动目标，建立起相关背景知识，整理组织了已有的知识信息，为学生学习新信息搭建了框架，对激发学生主动学习的兴趣，让学生成为主动学习者去探索未知知识领域，都起到积极的作用。

Topic主题：

Know 我知道的	Want 我想知道的	Learned 我学到的
1. 2. 3.		

使用"为用户画像"工具（见下页表），学生可以通过问卷调查、访谈、观察等方法，站在游客角度去体验和思考，为游客群体创作"画像"，这有利于学生分析游客的特征差异、喜好愿望、类型特点和游览需求，明确服务方向，更好地设计志愿服务活动内容。

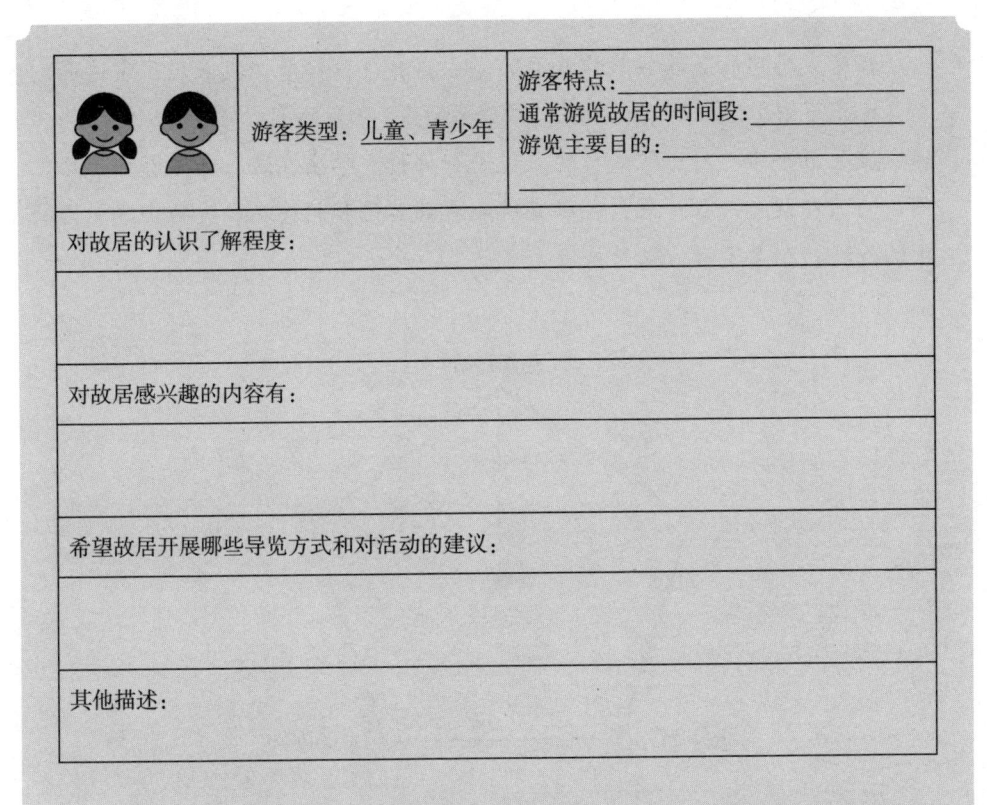

游客类型：儿童、青少年	游客特点：_____ 通常游览故居的时间段：_____ 游览主要目的：_____ _____

对故居的认识了解程度：

对故居感兴趣的内容有：

希望故居开展哪些导览方式和对活动的建议：

其他描述：

在志愿服务这个环节，我采用了"同理心地图"工具（见下图），引导学生关注游客的需求，从游客的所言、所想、所做和所感，反思在设计中忽视的问题，从而发现设计亮点，突破设计难点。

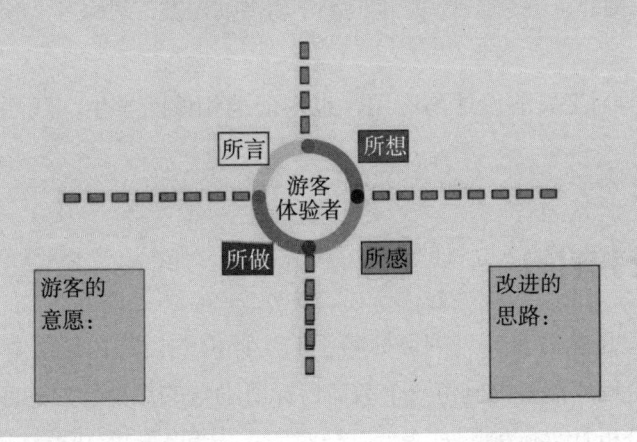

图示：同理心地图——中心为"游客体验者"，四周分别为"所言""所想""所做""所感"，左下为"游客的意愿"，右下为"改进的思路"。

在完成志愿服务的实践作业后的学生自我评价环节，我采用了雷达图工具（见下图），从"组织活动""口语表达""应变协调""组员合作""沟通交流"五个维度对小组成员的表现进行评价。学生在这五个方面评价后围成的面积就是评价结果，可以直观地看到自己和同伴在相关的实践能力中的表现，相互了解，取长补短。

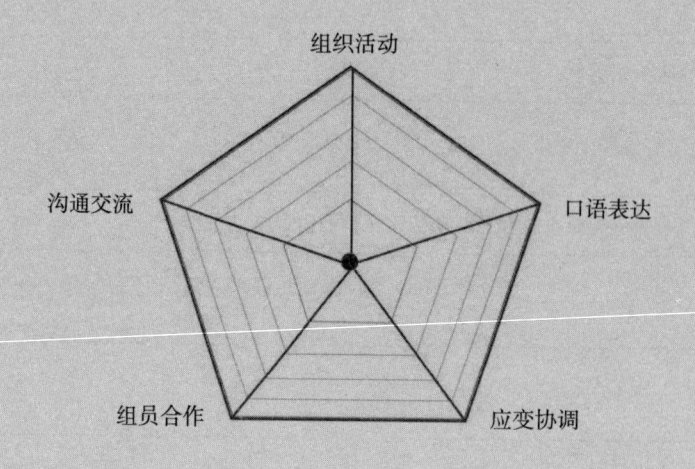

多种思维支架工具的应用，可以引导学生在各个阶段的实践活动中，学会自学、逻辑思考、理论联系实际，提升解释、分析、评价等综合能力。让实践任务的坡度变缓，是一种有效的学习策略。

（案例由北京市西城区鸦儿胡同小学唐娟娟提供，刘玲指导与修改。）

相应的学习工具的设计与应用，也为记录和诊断学生实践活动效果提供了基础。

四、组织教学评价

评价过程是从教育计划的目标着手的。评价的目的在于了解目标的实现效果。所以评价程序需要得到每一个教育目标所隐含的每种行为的证据。如一个目标是"掌握分析社会问题的方法，以及对所提出问题的解决办法"，那么评价的

程序就必须使我们获得关于学生分析社会问题和评估提出的解决办法的技能方面的证据。(泰勒,1994)[89]

综合实践活动中,教师要指导学生做好活动写实记录。其包括活动主题、持续时间、所承担的角色、任务分工及完成情况等,及时填写活动记录单,并收集相关记录材料,如活动现场照片、作品、研究报告、实践单位证明等。读书笔记、实验数据、活动照片、观察日志、活动日记、自然笔记、过程记录、修改过的研究方案、实验记录单、小组清单、活动感悟、个人学习记录、实践单位证明……,这些原始资料是活动过程的真实记录,既为学生寻找规律、得出结论、提炼物化成果提供了直接依据,又蕴含着学生的心智活动、情感发展等隐性成果的增长过程。活动记录、事实材料要真实、有据可查,为实践活动评价提供必要基础。

教师还可以指导学生提炼和总结活动成果。例如可以就"活动成果的表现形式""如何形成活动成果"进行相关指导,尤其强调要对材料进行合理分析和解释,对活动的过程与方法、感悟与收获进行提炼。指导学生积累活动的过程性记录材料,在主题探究活动结束或告一段落时,指导学生对活动过程进行总结,把自己的研究成果展示给大家,把自己活动的过程与方法、活动中的体验和收获、活动中发现的问题和思考与同学交流,达到共同分享、互相学习、互相促进的目的。

一次实践活动结束后,教师还可以指导学生对整个活动过程进行交流与反思,促进学生自我反思与表达、同伴交流与对话。要指导学生学会通过撰写活动报告、反思日志、心得笔记等方式,反思成败得失,提升个体经验,促进知识建构,并根据同伴及教师提出的反馈意见和建议查漏补缺,明确进一步的探究方向,深化主题探究和体验。

- 我参与活动的态度如何?
- 所承担的小组工作完成得如何?
- 知识的实际运用和概念理解情况如何?
- 提升了哪些个体经验,完善了哪些知识建构?
- 积攒的经验是否能迁移到其他情境中?
- 活动成果对实际问题的解决效果如何?
- ……

教师除了指导学生进行必要的活动记录和总结，也可以围绕指导实践活动的典型事例进行叙事和总结，这与舍恩提倡的对"行动的反思"和成为"反思性实践者"是一致的。北京市朝阳区外国语学校杨宇琨老师曾向研究者讲述"青铜器研究"活动中三个孩子的故事。

> ★ 案例链接：青铜器研究
>
> ### 连夜写剧本的孩子
>
> "青铜器研究"活动到了展示成果的时候，研究兵器的那组想用场景剧的形式来再现历史场景，这就需要剧本。当时他们五年级并没有正式学过，我本来想第二天指导他们，但就在当天晚上，一个小男孩连夜就把剧本给写出来了，他完全是按照自己的理解，手写了密密麻麻好几页。当时我很震惊，这个学生并不是班上语文特别好的，这个剧本至少得写两三个小时，我没有想到他能这么做，实践活动吸引着他如此专注投入。
>
> ### 自己给自己录音剪辑的旁白演员
>
> 剧本里面需要一段旁白。这个负责旁白的学生非常想参与一个角色。但他觉得如果自己站在边上参与角色，大家都会太出戏了。他问我"能不能用录音的方式录下来？"，当时（2009年）手机还做不到录音，也没有录音笔和其他的专业设备。录音对我们是一件挺为难的事情。我想到了用我的卡片相机中的录像模式录制再提取声音。本想我帮他提取，结果他特别好奇，追着我学了半天，最后自己把音频弄出来了。录音的过程也是一波三折。课余有时间但真的是太吵了，录完了总有杂音。终于有一天有节自由活动的课，这个学生找了一间学校没有人用的空教室，把门一关，把自己关在里面。为了让声音效果好，不知道他们是怎么想的，我从窗户那看到那个学生坐在地下，拿着那个稿子开始念。他那个认真的态度和出来后满头大汗的样子，我一辈子都忘不了。

活动结束半年后又来找我的孩子

编钟那组有一个小男孩很好玩儿。我们上完这门课都半年了,他已经升入高年级,我已经不再是他的班主任了。然后他突然找到我,说:"那个电视剧《××传》特别火。老师你不觉得有问题吗?"我问他:"有什么问题?"这个男孩说:"你听到音乐了吗?那个编钟,那个音乐,当时我们查过是编钟出土之后专家做的一个复原音乐叫《楚殇》。"然后他继续说:"清朝的时候哪有这个音乐啊?……而且剧里开宴会,高高兴兴地弄什么《楚殇》啊,《楚殇》是因为屈原跳河了才去做这个音乐……"

(案例由北京市朝阳区外国语学校杨宇琨提供,刘玲指导与修改。)

杨老师讲述的这三个孩子的故事是对学生如何在活动中获得发展与成长的"写实记录",足以说明此番在首都博物馆研究青铜器时学生参与的主动态度、获得的成长,学生在主题活动中所获得的丰富的体验、知识都成为他们积累的重要人生经验。学生的收获不仅仅是既有知识的应用与拓展,或是新知识的增长、视野的丰富(尽管这些客观存在),他们的分析能力、判断能力、假设与推论能力等理智因素和理性精神都得到了生长,个体的自信心、进取心、责任感从中得到了发展,在协作中学会了解决问题。在整个过程中,学习知识、发展能力、增强情意是主动地、有机地结合着的,这既是综合实践活动的价值关键之所在,也是综合实践活动评价应该关注的重点内容。

参考文献

中文文献

奥苏伯尔，等，1994. 教育心理学：认知观点 [M]. 佘兴南，宋钧，译. 北京：人民教育出版社：698.

白冰，2015. 1956：中国教育学本土化的艰难探索 [D]. 长春：东北师范大学.

北京师范大学校史研究室，1994. 林砺儒文集 [M]. 广州：广东教育出版社.

伯曼，2004. 多元智能与项目学习：活动设计指导 [M]. 夏惠贤，等译. 北京：中国轻工业出版社：1.

博斯，克劳斯，2020. PBL项目制学习 [M]. 来赞，译. 北京：中国纺织出版社：54.

布鲁纳，1982. 教育过程. [M]. 邵瑞珍，译. 北京：文化教育出版社.

布鲁巴克，2012. 教育问题史 [M]. 单中惠，王强，译. 济南：山东教育出版社.

陈树杰，邹开煌，2012. 运用"认知双螺旋"构想完善基础教育课程建设：陈树杰教授谈综合实践活动课程设置理论基础 [J]. 福建基础教育研究（7）：5-10，18.

陈向明，等，2011. 搭建实践与理论之桥：教师实践性知识研究 [M]. 北京：教育科学出版社.

陈赟，2012. "学而时习之"与《论语》的开端 [J]. 华东师范大学学报（哲学社会科学版）（3）：102-110.

褚宏启，2016. 核心素养的概念与本质 [J]. 华东师范大学学报（教育科学版）（1）：1-3.

丛立新，2000. 课程论问题 [M]. 北京：教育科学出版社.

丛立新，1995. 综合活动课程刍议 [J]. 中国教育学刊（1）：25-28.

丁邦平，顾明远，2002. 学科课程与"活动课程"：分离还是融合：兼论"学生本位课程"及其特征[J]. 教育研究（10）：31-35.

丁钢，2004. 教育与日常实践[J]. 教育研究（2）：16-20.

董宝良，2015. 陶行知教育论著选[M]. 北京：人民教育出版社.

杜威，1990. 民主主义与教育[M]. 王承绪，译. 北京：人民教育出版社.

杜威，2005a. 学校与社会·明日之学校[M]. 赵祥麟，任钟印，吴志宏，译. 2版. 北京：人民教育出版社.

杜威，2005b. 我们怎样思维·经验与教育[M]. 姜文闵，译. 2版. 北京：人民教育出版社.

杜威，2013. 我的教育信条：杜威论教育[M]. 彭正梅，译. 上海：上海人民出版社.

方克立，1982. 中国哲学史上的知行观[M]. 北京：人民出版社.

高峡，1998. 关于活动课程性质和定位的几点认识[J]. 课程·教材·教法（11）：27-29.

顾泠沅，2001. 教学任务的变革[J]. 教育发展研究（10）：5-12.

郭华，2005. 评教学"回归生活世界"[J]. 教育学报，1（1）：17-26.

郭华，2016a. 深度学习及其意义[J]. 课程·教材·教法，36（11）：25-32.

郭华，2016b. 带领学生进入历史："两次倒转"教学机制的理论意义[J]. 北京大学教育评论，14（2）：8-26.

郭元祥，2013. 综合实践活动课程与教学论[M]. 北京：人民教育出版社.

洪明，2003. 反思实践取向的教学理念：舍恩教学思想探析[J]. 外国教育研究，30（8）：14-17.

黄显中，胡丹，2017. "知行关系"的实践哲学阐释：纪念《实践论》发表80周年[J]. 江西社会科学（7）：12-21.

课程教材研究所，2003. 活动课程论[M]. 北京：人民教育出版社.

李海萍，2007. 综合实践活动课程中的教师专业发展与全科教师培养[J]. 教育理论与实践，27（7）：37-40.

李吉林，1997. "情境教学"的操作体系[J]. 课程·教材·教法（3）：10-15.

李吉林，2017. 中国式儿童情境学习范式的建构[J]. 教育研究（3）：91-102.

李俊堂，郭华，2019. 综合课程70年：研究历程、基本主题和未来展望[J].

课程·教材·教法，39（6）：39-47.

李芒，2002. 论综合实践活动课程与教师的教学能力［J］. 教育研究（3）：63-67.

李其龙，张可创，2003. 研究性学习国际视野［M］. 上海：上海教育出版社.

李维武，2014. 辩证唯物论的知行统一观：重读毛泽东《实践论》［M］. 北京：人民出版社.

廖哲勋，1999. 论中小学课程结构的改革［J］. 教育研究（7）：59-65.

刘玲，2014. 对综合实践活动教师专业标准的思考与分析［J］. 教育理论与实践，34（5）：30-32.

刘云杉，2019. 兴趣的限度：基于杜威困惑的讨论［J］. 华东师范大学学报（教育科学版）（2）：1-17.

柳夕浪，2018. 正确把握"四个关系"，着力推动课程形态变革：《中小学综合实践活动课程指导纲要》解读［J］. 课程·教材·教法，38（11）：67-71, 97.

柳夕浪，2019.《中小学综合实践活动课程指导纲要》解读：44个问答［M］. 石家庄：河北教育出版社.

龙兴，2019. "学以为己"：朱熹课程思想研究［D］. 上海：华东师范大学.

卢梭，1978. 爱弥儿：论教育：上卷［M］. 李平沤，译. 北京：商务印书馆.

陆亚松，李一平，1988. 教育学文集：课程与教材：上册［M］. 北京：人民教育出版社.

麦克内尔，1988. 课程编制的历史透视［M］. 李小融，李一平，译//陆亚松，李一平. 教育学文集：课程与教材：上册. 北京：人民教育出版社：133-161.

梅休，等，2013. 杜威学校［M］. 王承绪，赵祥麟，赵端瑛，等译. 北京：教育科学出版社.

潘仲茗，1993. 现状与改革：普通中小学课程内容和结构研究［M］. 北京：教育科学出版社.

裴娣娜，2005. 现代教学论：第二卷［M］. 北京：人民教育出版社.

彭干梓，2004. 毛泽东早期教育思想溯源［J］. 中国农业教育（5）：1-4.

曲曼鑫，2019. 陶行知对王阳明"知行合一"的接纳与改造［J］. 南京晓庄学院学报（4）：1-6.

施良方，1996. 课程理论：课程的基础、原理与问题［M］. 北京：教育科学出版社.

施瓦布，1988. 学科结构的概念［M］. 李一平，译//陆亚松，李一平. 教育学文集：课程与教材：上册. 北京：人民教育出版社：206-219.

时中，1994. "知行合一"：王阳明的成圣之教［J］. 社会科学战线（6）：90-95.

宋志明，2015. 中国传统知行观综论［J］. 江南大学学报（人文社会科学版），14（4）：5-10.

泰勒，1994. 课程与教学的基本原理［M］. 施良方，译. 北京：人民教育出版社.

陶行知，2013. 中国教育的觉醒：陶行知文集［M］. 北京：群言出版社.

王本陆，2009. 中国教育改革30年：课程与教学卷［M］. 北京：北京师范大学出版社.

王炳照，2009. 中国教育改革30年：基础教育卷［M］. 北京：北京师范大学出版社.

王洁，2013. PISA2012问题解决评估框架分析及其对教学改革的启示［J］. 外国中小学教育（10）：1-5.

夏雪梅，2017. 项目化学习：连接儿童学习的当下与未来［J］. 人民教育（23）：58-61.

夏雪梅，2019. 从设计教学法到项目化学习：百年变迁重蹈覆辙还是涅槃重生？［J］. 中国教育学刊（4）：57-62.

夏雪梅，2021. 项目化学习：学习素养视角下的国际与本土实践［M］. 2版. 北京：教育科学出版社.

杨信礼，2014. 重读《实践论》《矛盾论》［M］. 北京：人民出版社.

叶立群，1988. 中小学课程改革探讨［M］//陆亚松，李一平. 教育学文集：课程与教材：上册. 北京：人民教育出版社：415-449.

尹旭，1995. 知行观与认识论［J］. 宁夏社会科学（5）：72-76.

余文森，1992. 布鲁纳结构主义教学理论评析［J］. 外国教育研究（3）：13-16.

张斌贤，刘云杉，2019. 杜威教育思想在中国：纪念杜威来华讲学100周年［M］. 北京：北京大学出版社.

张华，2001. 综合实践活动课程：理念与框架［J］. 教育发展研究（1）：44-47.

张华，2019. 综合实践活动课程的国际视野［M］. 石家庄：河北教育出版社.

张华，等，2009. 综合实践活动课程研究 [M]. 上海：上海科技教育出版社.

钟启泉，2008. 课程的逻辑 [M]. 上海：华东师范大学出版社.

钟启泉，安桂清，2003. 综合实践活动课程：实质、潜力与问题 [J]. 北京大学教育评论，1（3）：66-69.

钟启泉，崔允漷，张华，2001. 为了中华民族的复兴 为了每位学生的发展：《基础教育课程改革纲要（试行）》解读 [M]. 上海：华东师范大学出版社.

仲庆元，1993. 试谈活动课程的意义及基本特点 [J]. 课程·教材·教法（11）：6-7.

周超，2013. 毛泽东早期教育思想研究 [D]. 西安：西北大学.

周洪宇，2013. 陶行知生活教育导读（教师读本）[M]. 福州：福建教育出版社.

英文文献

BEANE J A, 1995. Curriculum integration and the disciplines of knowledge [J]. Phi Delta Kappan, 76 (8): 616-622.

BLUMENFELD P C, SOLOWAY E, MARX R W, et al., 1991. Motivating project-based learning: sustaining the doing, supporting the learning [J]. Educational Psychologist, 26 (3/4): 369-398.

BOBBITT F, 1921. A significant tendency in curriculum-making[J]. The Elementary School Journal, 21(8): 607-615.

BOBBITT F, 1934. The trend of the activity curriculum[J]. The Elementary School Journal, 35(4): 257-266.

CHARD S C, 1998. The project approach: making curriculum come alive: Book 1 [M]. New York: Scholastic.

DIFFILY D, SASSMAN C, 2002. Project-based learning with young children [M]. Portsmouth, NH: Heinemann.

MARTINELLO M L, COOK G E, 1999. Interdisciplinary inquiry in teaching and learning [M]. 2nd ed. Upper Saddle River, NJ: Pearson.

PINAR W F, REYNOLDS W M, SLATTERY P, et al., 1995. Understanding curriculum [M]. New York: Peter Lang.

后 记

我与综合实践活动的这20年

2005年7月，我从北京师范大学硕士毕业来到北京教育科学研究院工作。有着教育学背景的我进入了基础教育教学研究中心（以下简称"中心"）的理论教研室。当时第八次课程改革正热火朝天，我参与的第一个项目是我们院承办的第四届全国"校本教研"年会，正是在这期间我有了跟综合实践活动的初次结缘。

为了做好会议筹备工作，中心派出了小学数学特级教师吴正宪、综合实践活动教研室主任陶礼光等多位老师作为各实验区的教研负责人。我则以"学术秘书"的身份跟随老师们往返于实验区，跟他们一起听课、开会，有机会看老师们说课、评课。

虽然我其实还不大清楚"教研员""综合实践活动"的真正意蕴，也不太听得懂老师们的评课，但对我来说这可真是绝佳的学习机会。在教研员老师们身边成长无疑是件幸福的事：他们身上有着深厚扎实的学识和一丝不苟的作风，日常又是那么谦和低调、和蔼可亲，对于我这样的后生小辈也是呵护有加。记得第一次听吴正宪老师讲课时我就被深深地感染了，坐在教室角落的我都能感觉到她关注的目光，这是每个跟吴老师接触过的人都会有的共识，对刚入职场的我来说更是莫大的支持。陶礼光老师是北师大1978级教育学专业的，比我入学正好早了20年。陶老师是恢复高考后的第一届大学生。他经历丰富、知识渊博，很多我在教育学书上学到的事儿，如"复式班""道尔顿制"，他都曾亲自实践过。他既博学又很随和，相处起来更是多了一份亲切。

那时刚刚设置的综合实践活动课程很热门，但也是"老大难"。一方面，它的热度不断攀升。检索中国知网会发现，2001—2010年的这十年是"综合实践活动""研究性学习"文献的井喷式增长时期,其热度绝不亚于当下的"跨学科主题学习"或"项目化学习"。另一方面,这门课的基本样态和课程边界并不清晰。跟随陶老师去中小学校做"校本教研"所听的综合实践活动课,主题名称五花八门,做什么的都有,这门课到底是怎样的一门课?我困惑不已。请教陶老师时,他戏谑地说"综合实践是个筐,啥都能往里头装"。我迷迷瞪瞪、似懂非懂地就这么过活。

不想没过多久,我跟综合实践活动真正的缘分就到来了。"校本教研"项目结束后不久的2007年上半年,在时任中心副主任贾美华的举荐下,我从理论教研室被调任到了综合实践活动教研室,开始名正言顺地跟随陶礼光老师做综合实践活动教研员,成了北京市综合实践活动教研队伍里最年轻的"空降兵"。

于我而言,从"理论"到"实践"带来的跨越和挑战是显而易见的,当时北京市各区综合实践活动教研员队伍已经有四十余人了。对于我这个刚入职两年初来乍到的"小同志",大家都礼貌而客气,但是我的心里始终是虚的,咱业务不精啊!刚开始上台讲话、讲课,我紧张到语无伦次。我的师父陶礼光老师总是耐心地帮助我,他总是"抬举"我,参加什么活动都让我先讲,他说"你能讲多长时间就讲多长时间,剩下的我来兜底儿"。细心的他还会在我讲座时悄悄在一旁举起"慢"字。遗憾的是,我语速太快的毛病到现在也没改好。有一次教育部组织专家对全国综合实践活动实施情况进行调研,在浙江省教育厅原副厅长张绪培带队下,我们在天津市开展调研,张副厅长还对天津市教委的领导们打趣说"以后请专家讲课找刘玲,人家讲一个半小时的内容,她有一个小时就行了"。

在陶老师的直接示范和持续鼓励下,对于什么是"教研员"、怎么当"教研员",我也逐渐有了更直接的体认和感悟,谦逊好学、与人友善的种子也慢慢在心里发芽。记得当时因为资历浅、职称低,很多展示评审活动我都还是"秘书",没法当"专家"。我就把老师们的光盘提前抱回家一个一个地看,把教学设计一遍一遍地翻,尝试着以"专家"的视角审视教学设计,如今想来,任何人的成长大抵都是如此磕磕绊绊的。我如邯郸学步般一点点地成长起来。

回想起来,那时北京市的综合实践活动大致有这样几个特点。一是中学阶段的研究性学习蓬勃开展。研究性学习本来是一种学习方式,但是在我国把它作为一门课程独立出来,高中阶段它占据着不少学时。二是小学更常见的是以科技制作为主要形式的单课时活动,课堂教学强调"一课一得"。这是由于综合实践活动课是从原来的科技课外活动中脱胎而来的，当下看起来很常态的大主题、长周期的综合实践活动在当时是很少见的。三是它与地方课程、校本课程融为一体。第八次课程改革赋予中小学校一定的办学自主权，综合实践活动的课时跟地方课程、校本课程课时混合设置，当时综合实践活动的样态基本是依托地域资源、学校资源而开发的。四是北京市不少区开始陆续建设"活动课中心"（有的称为"劳技中心"），把一些学校不具备开课条件的工艺制作、动手操作类的活动（接近于杜威所说的"工坊类课程"）集中开设，解决本区的综合实践活动教学难题。

2007年，时任北京市教育委员会副主任罗洁亲自主持召开了全市的综合实践活动课程推进会，会上向全市发布了《北京市中小学综合实践活动课程文件汇编》，其中对各个学段综合实践活动的具体实施做出了明确规定，这成为综合实践活动建设的风向标，我们常常开玩笑地说"在北京，咱们有自己的'土课标'"。国家层面是2017年才正式颁布《中小学综合实践活动课程指导纲要》，比北京市文件晚了10年。这10年恰恰是北京市的综合实践活动蓬勃发展的10年。

2008年，北京市政府启动了中小学生社会大课堂建设工程。由教育行政部门联合本市各有关部门以及行业管理机构，整合利用北京市丰富的人文、自然资源，通过提供免费或优惠的场所条件、安全的活动环境、相适应的教育教学内容，为学校集体组织和学生个人开展丰富多彩的课外、校外活动，开展研究性学习、社区服务、社会实践以及组织学科教学活动等创造条件。这开启了北京市综合实践活动课程建设的新篇章，社会实践活动搞起来了。其实当时我们就进行了如何基于社会大课堂资源进行跨学科学习的探索。跟2016年教育部等11部门联合发布的《关于推进中小学生研学旅行的意见》相比，北京市整整早了8年。

在北京市教育委员会的专项研究委托下，北京教育科学研究院在北京市各区遴选了100家"课程教学示范基地"，组建了教研人员、基地社会教育人员、实验学校等一大批研究力量进行"跨界教研"。我们总结了利用社会大课堂资源开展实践学习的六种教学模式，解析了学习的流程和教学要素，构建起博物馆、图书馆、农业基地等多类别、跨学段、跨学科的社会大课堂课程体系。这一成果也获得了北京市基础教育教学成果奖一等奖和基础教育国家级教学成果奖二等奖。

2014年，教育部着手进行《中小学综合实践活动课程指导纲要》的研制。我很幸运地参与了研制工作，跟申继亮老师、柳夕浪老师、张华教授、冯新瑞副研究员等多位专家近距离协作研究。这次纲要研制调整力度很大。它首次明确了核心素养导向的综合实践活动课程的总目标为"价值体认、责任担当、问题解决与创意物化",原来的"研究性学习、社会服务与社会实践、信息技术教育、劳动与技术教育"指定领域调整为"考察探究、设计制作、职业体验、社会服务、博物馆参观、党团队教育活动等"。将近两年的《中小学综合实践活动课程指导纲要》研制历程让我受益良多,通过无数次会议讨论、论证、征求意见,我对教育政策有了新的理解。

2015年,北京市再次放出重磅课改大招,率先调整了义务教育阶段课程计划,要求各学科平均应有不低于10%的学时用于开设学科实践活动,在内容上可以某一学科内容为主,开设学科实践活动,也可综合多个学科内容,开设跨学科综合实践活动。这一政策出台之后,在综合实践活动课程内部就出现了两种声音。一种观点认为"各学科都搞学科实践、跨学科综合实践了,这会削弱综合实践活动课程的力量",另一种观点认为"我们的课程实施空间延展了、扩大了,现在人人都是综合实践活动老师了"。在学校的教学实践中,这两种倾向确实都存在。我一度非常迷茫,看不清这门课程的发展方向。

2014—2020年,我在北京大学教育学院师从刘云杉教授攻读教育博士学位,我希望能把自己的实践经验与教育理论进行嫁接与重组,探求综合实践活动课程的方向。刘老师带我重读美国教育学者杜威的"做中学"思想和克伯屈倡导的"设计教学法"。她手把手地教我如何读书,她说"你的研究是要接续着理论去讲,看理论怎么走进你的综合实践活动课,怎么去回应现实中的困境"。正是循着她给我的这张"地图",我一步步地攀爬到最后。刘老师严谨的治学态度、谦逊的待人方式、温和而又充满威严的眼神,成为激励、督促我不断向上、向善的精神力量。

2016年,我得到国家留学基金委员会的资助,到美国莫斯大学进行了一年的学术访问,研究方向是项目化学习、综合课程开发。到美国访学让我近距离接触了项目化学习,从项目化学习的角度审视我国综合实践活动课程,让我的研究世界豁然明亮。

在我看来,我们强调的"跨学科主题学习"本质是将作为学习方式的研究性学习融入学科课程,因为研究性学习是各学科通用的学习范式。从这个意义上讲,综合实践活动中的"研究性学习"与"项目化学习"意义并行不悖。

"跨学科主题学习"是一种相对于"综合实践活动"而言的中间力量。为什么这么说呢?因为综合实践活动课程"性格"太鲜明了,我曾用"孤独的行者"

来概括综合实践活动课程的处境。它要求学生面向生活世界发现问题、提出问题并转化为主题，在教师的指导下开展活动、解决问题。它肯定是"跨学科"的，但是它跨的又不只是"学科"。在综合实践活动课程里，当教育的主题从"教材"转向"生活"之后，怎么能保证教育的品质？所以，综合实践活动课程实施起来难度不小。在我看来，综合实践活动课程也好，跨学科主题学习、项目化学习也罢，要走的路都是一条基于学科又超越学科的"中间道路"，要在"课堂"和"活动"两者的张力间求得平衡，而非非此即彼、厚此薄彼。

至今，很多学校并没有开设综合实践活动课。即使在已经开课的学校，它的光芒也随时有可能被掩蔽，所以我曾一度非常偏执地想用《孤独的行者：我国中小学综合实践活动课程》来命名本书——重"行"是它的本质特征，虽孤独，却从未也不肯停下脚步。

实践中的智慧是厚重的，又是灵动的，作为教研员，我很幸运地有机会把我读到的、观察到的、感受到的、思考到的用这种方式表达出来。

感谢北京师范大学的褚宏启教授。褚老师是我在北师大读硕士时的导师，受他教诲和指引多年。毕业后我即到北京教育科学研究院工作，后来褚老师调来这里任职。"生活就是综合实践"这句话即出自他在一次院内工作会议上的点评发言，这已成为指引我的信条。作为教研员，跟教师评课、沟通教案时我常常会想起褚老师，褚老师的意见和建议永远都是温和且有建设性的。我常常以他为榜样自我省思：作为教研员，我如何能更坦诚、更精准、更温暖地予人帮助？

感谢北京大学教育学院的文东茅教授。能如他所说"念念不忘必有回响"，用这本书作为六年博士学习的成果，我感到很自豪。感谢几年来为我们上过课的岳昌君、陈晓宇、郭建如、张冉、陈向明、林小英、丁小浩、陈洪捷、卢晓东、沈文钦、阎凤桥等老师，他们是蔡元培校长所提的北京大学"思想自由，兼容并包"的化身。

感谢首都师范大学的陈树杰教授。年逾八十的他看完我的博士论文后把我叫到他家中，谦逊地和我讨论文中的细节。感谢首都师范大学的杨培禾副教授。正是有了她的提点，我才选择了读博士深造，她多次跟我讨论选题，还认真审阅我的博士论文，提出若干修改意见，给我启发良多。感谢北京市教育学会中小学综合实践活动专业委员会的许书阁、贾月坤等老师，感谢梁烜、李美娟、贾欣、朱传世、黄晓玲、王富伟、张玉峰、李卫东等同事，他们有的欣然接受我的访谈，有的则给了我很多智力支持。感谢北京教育科学研究院学术著作出版资助项目对本书的支持，感谢杨德军副院长对本书的肯定。感谢所有接受我访谈的老师。他们是：张燕、张菀霏、王海燕、张静、卢钦龙、姜涛、陈炜、郭靖、史博雅、胡君培、申春娟、徐洁、王倩、陈娜、任芳、鲁怡然、王洁、徐军、齐蕴宇、陈立丽、杨宇琨、孙芳、庄重、张海燕、李佳、张守芹、于佼月、李东林、杨旭、李滢、王倩昀、郭雪雁、强艳、王璐、冯蕾、毕文冉、滕亚洁、胡松林、甘育山、刘秋媛、张磊、王义清、唐娟娟、黄旭升、柏东河、程锦、张洁。是他们和他们的故事推着我一步步向前。感谢我在莫斯大学做访问学者时的导师Jay Feng，他为我提供了去学校进行课堂观察的机会，给了我关于美国项目化学习、STEM等诸多启发。感谢亚特兰大HMES小学的老师们，在学校观摩的过程中，我有了更多的国际比较视角。感谢上海市静安真爱梦想教育进修学院李国丽院长、教育科学出版社教师教育编辑部池春燕主任和柯彤编辑为本书的出版所付出的努力。感谢北京师范大学的郭华教授为本书提笔写下推荐语，感谢成都市教育科学研究院的戴金芮老师参与本书绘图。

  带领我们研制《中小学综合实践活动课程指导纲要》和编写《中小学综合实践活动课程指导纲要解读——44个问答》的柳夕浪老师在书里曾深情地写道："作为一门集中体现21世纪新一轮基础教育课程改革理念的新课程，它似乎注定要经受各方面的磨难：捧的，骂的，拆散的，改头换面的，扔到一边的，什么都有。不过它终究在磨难中长大了。"读来令人动容，虽然有些悲壮，却是真实写照。

  二十余年来，综合实践活动一如既往，不卑不亢地像一朵不起眼的苔花，绽放在我国课程改革的田野上。然而它弱而不辍，且弦歌不断，恰恰是因为它内在的精神气质。这种知行合一的精神气质，注定了它有持久的生命力，这种力量已经集合了越来越多的人，集结成一股不容忽视的力量，且不断壮大。

  能够成为这群人当中的一员，我无上荣光。我是伴随着课程改革的步伐，汲取着综合实践活动的营养成长起来的。如今我也已愈不惑之年。今年是我被综合实践活动浸润的第20年，就用本书为这些年的教研生涯交上一份"作业"吧。也谨以此书献给那些为综合实践活动之花默默浇灌的人们。

刘　玲
2024年10月

出 版 人	郑豪杰
责任编辑	柯　彤
版式设计	锋尚设计　孙欢欢
责任校对	贾静芳
责任印制	叶小峰

图书在版编目（CIP）数据

综合实践活动：历史发展与当代模样 / 刘玲著. 北京：教育科学出版社，2024.11. -- ISBN 978-7-5191-4096-0

Ⅰ. G423

中国国家版本馆CIP数据核字第2024CG1339号

综合实践活动：历史发展与当代模样

ZONGHE SHIJIAN HUODONG: LISHI FAZHAN YU DANGDAI MUYANG

出版发行	教育科学出版社		
社　　址	北京·朝阳区安慧北里安园甲9号	邮　　编	100101
总编室电话	010-64981290	编辑部电话	010-64981265
出版部电话	010-64989487	市场部电话	010-64989009
传　　真	010-64891796	网　　址	http://www.esph.com.cn
经　　销	各地新华书店		
制　　作	北京锋尚制版有限公司		
印　　刷	天津市光明印务有限公司		
开　　本	720毫米×1020毫米　1/16	版　　次	2024年11月第1版
印　　张	12	印　　次	2024年11月第1次印刷
字　　数	214千	定　　价	48.00元

图书出现印装质量问题，本社负责调换。